yonekura shigeru
米倉 茂

Q&A

とことんわかる

アベノミクスと日本銀行

言視舎

はじめに

1　アベノミクスの三本の矢とは?

２０１２年12月、自由民主党・公明党の連合が政権に復帰しました。そこで大きな話題を呼んでいるのがアベノミクスです。このアベノミクス（Abenomics）は安倍晋三首相の名字とエコノミクスの造語です。安倍首相による日本経済再生の経済戦略を意味します。そしてこの戦略は三本の矢から成り立っています。**大胆な金融緩和、積極的な財政出動、成長戦略の三本の矢**です。

三本の矢は戦国武将毛利元就の家訓に由来します。元就は三人の息子を三本の矢にたとえます。一本の矢だと簡単に折れる。しかし三本合わせれば折れにくい。だから三人の息子はつねに結束せよというのです。

三本の矢の出だしは好調のようです。三本の矢がトレードマークになっている某社のサイダーのように勢いよく吹き出しています。異常な円高も是正され、株価も急激に回復しています。アメリカのダウ平均も史上高値を更新しており、このアメリカの〝株の傘〟（核ではない）にすっぽりはまり、日本株は勢いよく回復しつつあります。

問題はサイダーの気が抜けないようにすることです。気が抜けないためには三本の矢は堅く束ねる必要があります。

2 アベノミクスが期待される理由

ではなぜ出だしが好調なのでしょう? 積極的財政を優先させ、財政健全化は二の次にしているからです。

成長なくして財政再建はありえない。今の深刻なデフレ経済から脱却するためには、大胆な金融政策と積極的な財政出動が不可欠である。**成長が先で財政再建はその次である。**

このメッセージが市場にハッキリ伝わっているのです。市場は金融緩和が長く続く、その後に経済回復が待っていると期待しているのです。

この点でアベノミクスは歴代政権の経済政策と大きなちがいがあります。従来の政権、特に小泉政権を思い出してください。「構造改革なくして成長なし」という勇ましいスローガンに国民が躍らされましたが、結果は惨憺《さんたん》たるものでした。構造改革だけが強調され、成長のための財政政策ではなく、財政再建に軸足がおかれていました。民主党政権も似たようなものでした。

しかし、成長と財政再建が同時に達成されるわけがありません。二兎を追ったこれまでの政権は一兎の尻尾もつかんでいません。

いずれにしろ、アベノミクスは大胆な金融政策と積極的な財政出動で、デフレを脱却して成長を促す。これにより税収も増え、財政再建も可能となるというシナリオです。塩(構造改革)を梅

（成長政策）とうまく配合し、安心を掛け合わせ、良いアンバイ（安倍）にしたいようです。

3　日本銀行が注目をあびる理由

この経済政策の成功の鍵をにぎるのが金融政策です。だから金融政策を担う**日本の中央銀行の政策転換に関心が集まる**のです。その政策転換とはなんでしょう。日本経済をデフレから脱却させるために、金融緩和政策をこれまで以上に大胆に推進することです。

大胆な金融政策の遂行が強調されるのには、わけがあります。金融政策に責任を負うはずの日本銀行は、他の先進国にくらべるとデフレ対策が不十分だったと批判され続けていたのです。**15年以上もデフレが続いている国は先進国ではほかにありません。**日本の場合、名目賃金は１９９５～２０１０年の間に11％減少していますが、米国は72％、ユーロ圏は40％も増大しています。要するに、先進国の中で日本だけがデフレの重い岩に閉じ込められていたのです。

物価安定を目的とする日本銀行はデフレを克服できていなかったのです。デフレ対策よりも物価を安定をさせれば事足れりとしてきたきらいがある。外部からはそのように批判されてきました。

もちろん、これは日銀には不満でしょう。超金融緩和政策（量的緩和）を世界に先駆けて導入したのは実は日本銀行なのです。ところがこのトップランナーは、連発する世界的金融危機が進行するうちに、いつの間にか数周遅れのトップランナーになってしまったのです。

これまでの日銀はデフレ問題を解決できなかった。そこでアベノミクスが日銀に大胆な金融緩和の実施を迫ったのです。そのために、三本の矢の一つとして大胆な金融緩和政策が掲げられたのです。これに対応し、日本銀行は明確な目標を掲げます。安倍政権が誕生すると**物価上昇率２％の目標**を掲げることになったのです（インフレターゲット２％）。

4　日本銀行の独立性はどうなるの？

これは日銀の大きな政策転換です。なぜなら、つい最近まで日銀は物価上昇のターゲットの設定には慎重であり、たとえ目標を掲げたとしてもせいぜい１％の枠にとどめていました。それが2倍に引き上げられたのです。それまで日銀は「デフレの番人」と揶揄《やゆ》されてきました。こう揶揄していた人が今回、日銀の副総裁となる〈岩田〉3-6頁〉。市場は日銀が大転換したと思うのも当然でしょう。

大胆な金融政策とは、具体的にいえば、日銀が市場から金融資産（基本的に国債）をドンドン買い上げて市場に流動性をふんだんに供給し、低金利を維持し続けることです。

ところがこれは別に大胆なことではありません。**先進国中央銀行はみな実施**しています。特にアメリカの中央銀行Ｆｅｄのバランスシートは、リーマン・ショック以降、３倍に膨れあがっています。

その一方、日銀に対する政府の強い働きかけは**中央銀行としての独立性・自主性を損なうという批判**も出てきます。健全な通貨を維持すべき金融政策を担う日本銀行は政府から独立していなければばならないというのです。このようなこともあり、これまでの政権は日銀に対する積極的働きかけを控えてきたようです。

たしかに政府が放漫財政に走り、日本銀行が財政赤字ファイナンスに安易に応じることは控えるべきです。実際、日本銀行は国債の直接引受を禁止されています。財政上の憲法です。

しかし日銀の金融政策はあくまでも政府の経済政策の一つの部門にすぎないということも確認する必要があります。その生い立ちからもそういえます。国というアダムの肋骨（リブ）を抜き取って誕生したのがイブ（中央銀行）なのです。世界の中央銀行の縁《えにし》をたどれば、政府の資金調達機関として設立されている事実が確認できます。

この意味でも、**中央銀行は政府の一機関**なのです。日本銀行の金融政策上の独立性も、この脈絡の中で理解されるべきことなのです。

5　アダムから生まれたイブにたとえられる日本銀行の独立性の意外な側面

ところが、従来の解説ではその点が意外にとりあげられていません。たとえば、次のような質問に対しわかりやすく説明している解説があったでしょうか？

なぜ日本銀行は銀行券を独占発行しているのか？

日本銀行券を製造しているのは誰か？（日銀ではない）

なぜ日銀券は支払受取を拒否できない法貨として日本国内で無条件に通用・流通しているのか？

図1　国家の徴税機能が信用機構の軸心にある中央銀行の構図

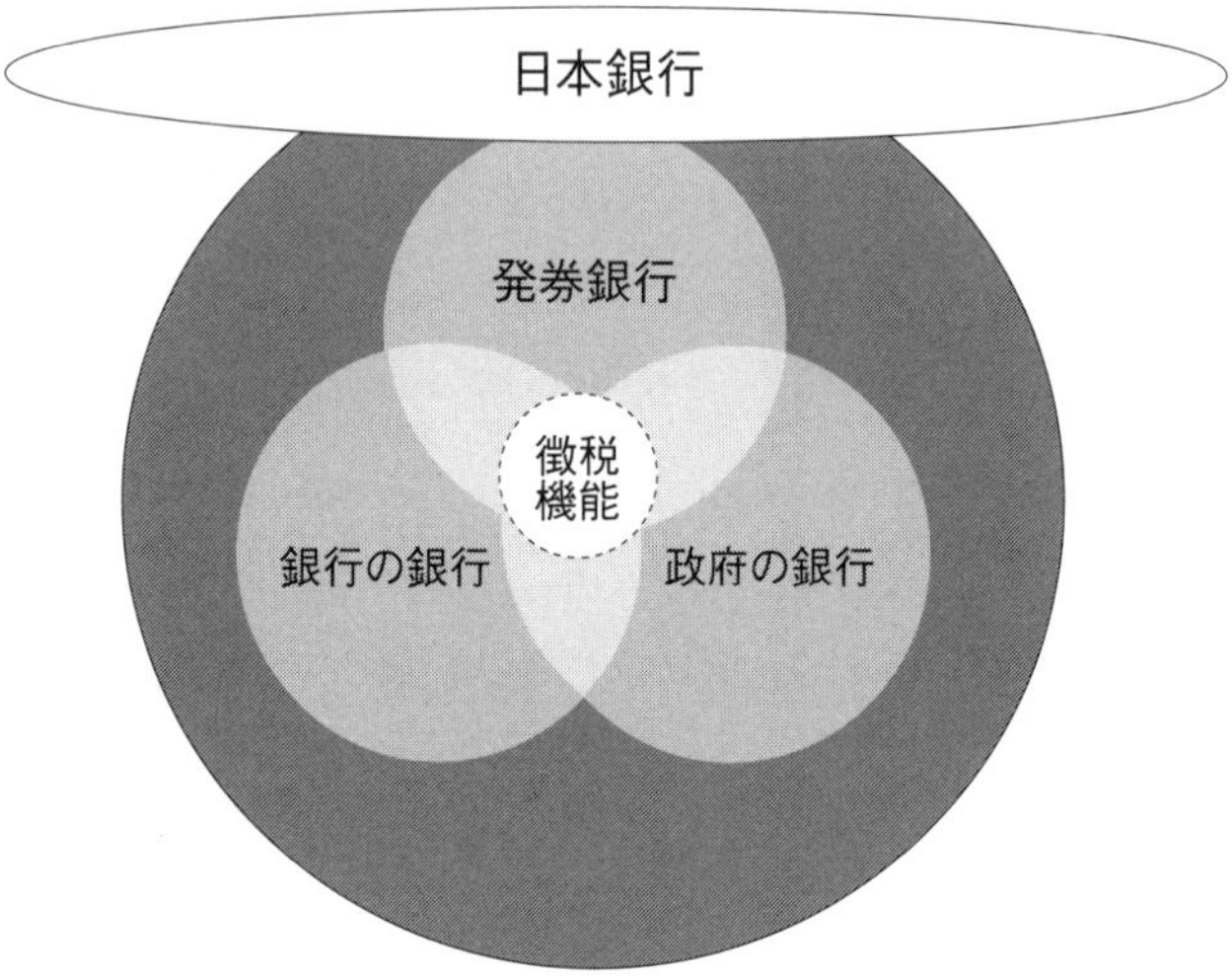

（この点は第3章1で説明します）

あるいは、なぜ日本銀行は大きな利益を上げられるのか？

日本銀行券や日本中央銀行通貨は、無利子で発行される債務証書（借金の証文）にすぎません。日銀は日本銀行券を保有している人々に即刻返済すべき債務を負っているのです（これは第3章3で説明します）。いずれにしろ日銀は無利子の借金証書を発行して国債を買い、その利子を最大の収益源としています。つまり、国が日銀に通貨発行独占権を与えているために得られる利益なのです。

別の質問をします。

日本銀行の最大のお客は誰でしょう？　日銀の資産の大半は国債です。だから国（政府）が最大のお客なのです。

逆に日銀の最大の株主は誰でしょう？　最大

の出資者（株主）は国（政府）なのです（日銀株はジャスダックに上場）。つまり、日銀のバランスシート上、政府は日銀に対する債務者でもあり出資者でもあるのです。

このような簡単な事実からみても、日本銀行の独立性は国庫との関連抜きには語れないはずです。国家と日本銀行の関係はアダムとイブの間柄なのです。日銀は独立性があるといっても、国というアダムの肋骨からは免れないのです。そしてこの肋骨にあたるのが国家の徴税権です。これが種となって日本銀行は開花しているのです（図1）。本因下種の蓮華の花が咲くというイメージです（この図の内容は特に第3章で説明）。

6　従来の理解ではすまされない日本銀行の独立性の変容
——連続する世界金融危機の勃発とデフレ経済の恐怖

さらに日本銀行の独立性が従来の理解ではすまされなくなった事情を指摘しましょう。それはこの間に連発した世界的な金融危機です。リーマン・ショック、ユーロ・ソブリン危機などの**世界的金融危機において、欧米の中央銀行の役割が大きく変化している**点です。日銀もこの流れから逃れられません。

だから日銀の独立性も、それが明示された1998年当時と現在の状況とでは内実が大きく変化するはずです。実際、日本銀行よりずっと以前に独立性を確保していた欧米の中央銀行は、金融危機対策上、政府との連係を強めています。中央銀行のバランスシートには国債が充満しているので、政府の財政赤字ファイナンスはしないという従来の中央銀行の姿勢から大きくはみ出しているのです。

しかも日銀の場合、ほかの中央銀行にはない大きな課題を負っています。すなわち**デフレ脱却**です。それまでの物価安定だけでは日本銀行の責務が果たされたことにならないのです。

7 本書の構成

ですから、**日本銀行の独立性の中身についても、これまでの理解を洗い直す時が来た**わけです。日本銀行の独立性は、これまでの理解ではおさまらないほど大きく変容しているのです。本書はその日本銀行の役目、機能を説明しながら、日本銀行の独立性についても日頃、読者が抱いている疑問にわかりやすく答える構成にしています。各章の節、項に**Q＆A**を設け、次にそれを追加解題した「**その心**」を配置しておきました。

日本銀行の独立性に関わる事項もQ＆A形式で説明します。「その心」で、その説明を内容的に掘り下げています。

もちろんアベノミクスと日本銀行の関連もとりあげます。その矢の一つである大胆な金融緩和政策の中身を検証しています。

最後に筆者がこの本を書くこととなった動機も示しておきます。筆者はこの間、世界的金融危機の連発現象を継続的に分析してきました。その成果としてサブプライムローン問題を取り上げている『サブプライムローンの真実』（創成社）、リーマン・ショックの発生過程を追った『新型ドル恐慌』（彩流社）、ユーロ・ソブリン危機の原因を探る『すぐわかるユーロ危機の真実』（言視舎）という3冊の本を発表してきました。

そしてこの作業の中で特に関心を強めてきたことがあります。金融危機において中央銀行と政府の関連がますます深まっているということです。中央銀行の役割は一連の世界的金融危機の中で激変しています。したがって中央銀行の独立性は、この世界的金融危機の推移に関連させて理解すべきものであるという考えが強くなりました。

つまり、これまでの独立性に関する理解ではカバーできない問題が噴き出しているのです。実際、アベノミクスはデフレ打破という点において、日本銀行に対し、これまでにない重い責務を課しています。本書のタイトルを『アベノミクスと日本銀行』としている理由もここにあります。そして本書の行間には〝日本銀行の独立性の深淵〟、あるいは〝デフレに訣別する中央銀行〟という副題も忍ばせていることを、読者の方々に読み取っていただければ幸いです。これが本書を作成するにいたる経緯です。

目次

第2章　アメリカの核ならぬ〝株の傘〟にはまる日本経済
――円安を追い風とし、アメリカ株を傘にして上げ潮に乗る日本株　33

第3章　日本銀行の役割――日銀法を読み解くと浮かび上がる玉虫色の独立性　51

1　日銀券の誕生・流通の流れ

2　日本銀行の目的

3　日本銀行の通貨の特色——信用リスクがないわけ

4　日銀の通貨発行権の独占は国家の利害と一致

5 日本銀行法条文からみた日本銀行の独立性

6 国家の金策を強要される中央銀行の宿命

7―A 体をはって政府に逆らい、通貨を守ろうとした中央銀行総裁列伝（アメリカ編）

――インフレ抑制のために大統領に逆らいクビにされたＦｅｄ議長

第1章 日本経済の異常さ

デフレ経済の重し

Q1 日本経済は、先進国と比べて何が異常なのですか?

A 超デフレと超円高です。さらに日本の国家債務の対GDP比率は先進国の中で最悪です。

その心▼異常なことだらけの日本経済

それを列挙しておきます。

第一に、デフレが15年以上も続いていることです。世界ではマイルドなインフレが当たり前なのに(図2)。第二に、ファンダメンタルはよくないのに急上昇してしまう円相場。これが景気を圧迫します。第三に、世界一金利が低いのに(名目金利で)、世界一金利の高いことです(実質金利で)。実質金利は名目金利から物価上昇率を引いたものです。ところが日本だけ物価上昇率がマイナスのデフレ状態なので、実質金利は高くなるのです。このように名目金利と実質金利とでは大きなちがいがあります(図3)。これも異常な円高の誘因になっています。第四に、つい最近まで金融緩和の効果が先進国の中で一番弱かったことです。第五に、賃金が長年下がり続けているのは日本だけです。

財政の面ではどうでしょう? 国家債務の対GDP比率は先進国で最悪です。しかし国債利回りは世界で一番低い。世界的な国債デフォルト不安の中、日本国債は逃避資産として国際的にも人気

図2　日本の物価上昇率(①)の推移と海外との比較(②)

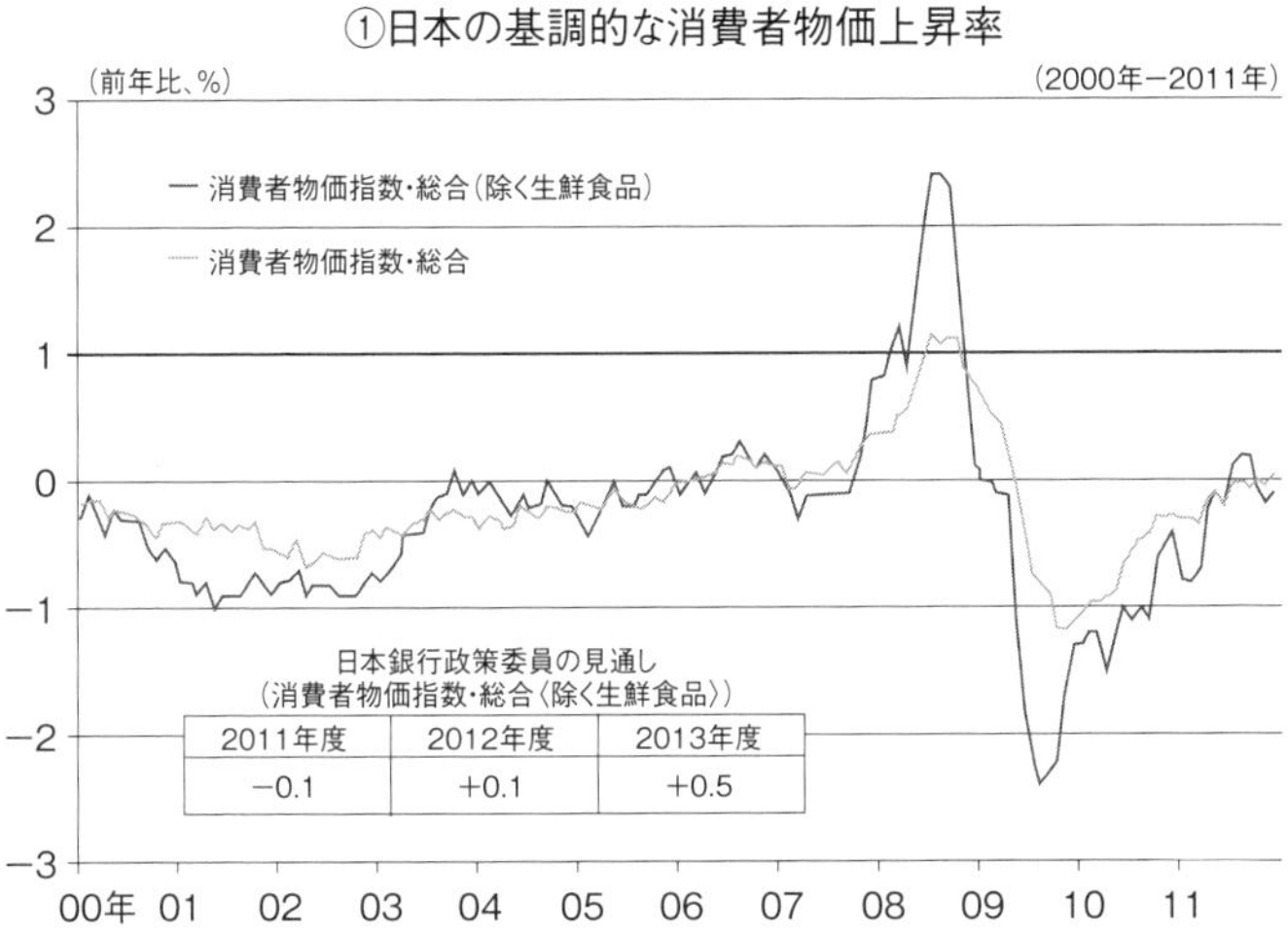

(出典)日銀総裁の日本記者クラブでの講演(2012年2月17日)の図より

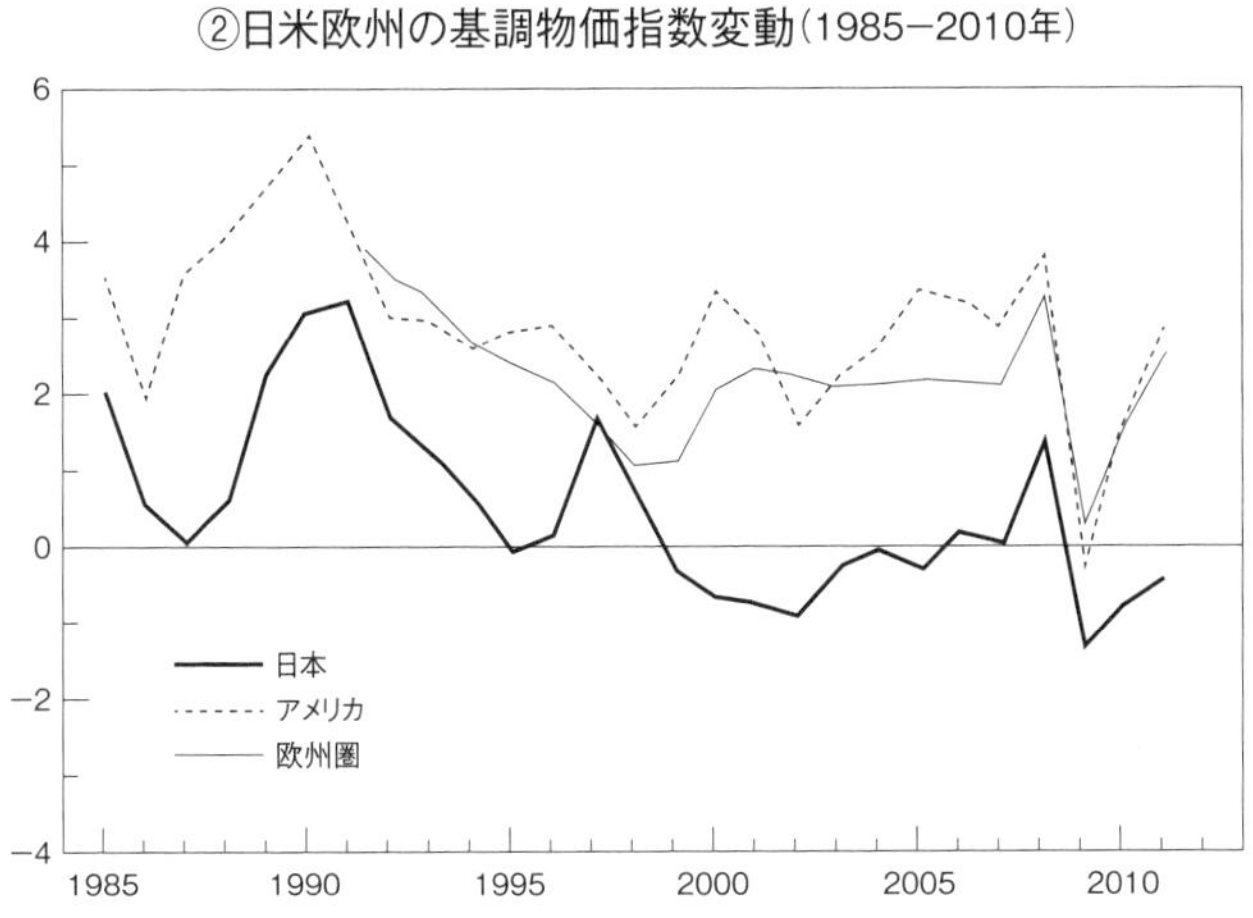

(出典)日本銀行、Chronic Deflation in Japan, Kenji Nishizaki, Toshitake Sekine and Yoichi Ueno, July 2012

図3　主要国の実質金利の推移（2007年～2012年2月）

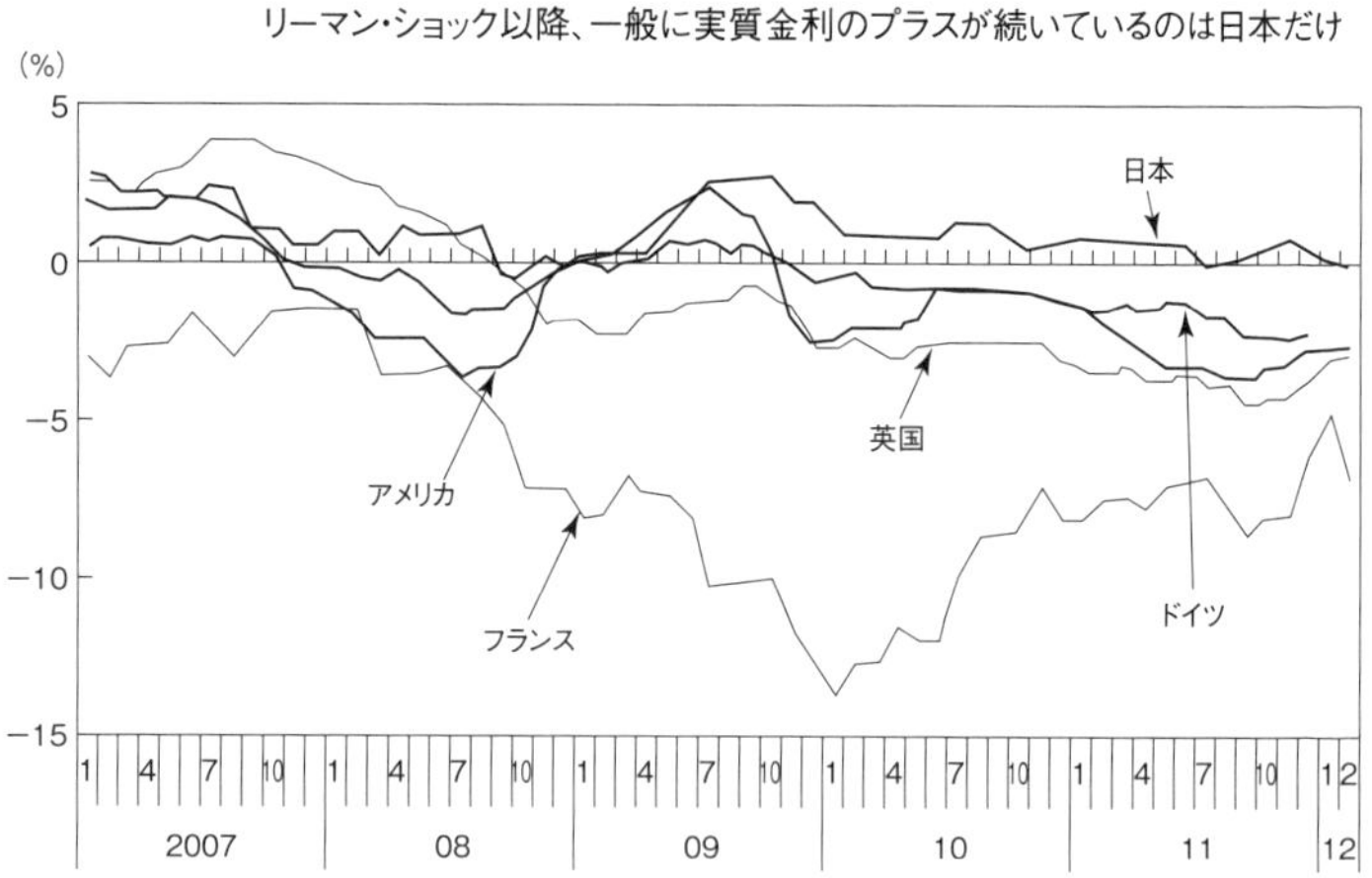

（出典）〈内閣府〉275頁

が高いのです。これも異常な円高を助長します。最大級の債務国家なのに日本国債の金利は世界で一番低い。これも不思議な話です。このように日本経済は異常な現象だらけなのです。

Q2 日本銀行はデフレ経済に対し有効な処置を講じてきたのですか？

A 安倍政権はそう考えていません。だからアベノミクスで日本銀行に大胆な金融緩和を求めるのです。

その心▼大胆な金融政策は一本の矢ではもたない

アベノミクスで大胆な金融政策の遂行が強調されるのにはわけがあります。金融政策に責任を負うはずの日本銀行は、他の先進国にくらべるとデフレ対策が不十分だったと批判され続けてきたのです。前述のように15年以上もデフレが続いている国は、先進国では日本以外にありません。

日本の場合、名目賃金は95～2010年の間に11％減少していますが、米国は72％、ユーロ圏は40％も増大しています。2011年年度の名目雇用者報酬もピークの時の97年より12％少ないのです。賃金の下落が長期停滞やデフレに大きな役割を果たしているといえます。

このように物価安定を目的とする日本銀行は、デフレを克服できていなかったのです。政府も日銀の独立性を守るために、日銀への積極的働きかけを控えてきたきらいがあります。

いずれにしろ、これまでの日銀ではデフレ問題を解決できなかった。そこで、それを打開するために、安倍首相は総選挙の時から、日銀に大胆な金融緩和の実施を迫っていました。だからアベノミクスの三本の矢として大胆な金融政策が掲げられたのです。

しかしこの大胆な金融政策は一本の矢ではなり立ちません。積極的な財政出動という別の矢に束ねられるのです。この積極的な財政出動を支えるためには、大胆な金融政策が不可欠なのです。

Q3 日本銀行はアベノミクスのもとで大転換しますか?

A 物価上昇目標を提示したことと、超金融緩和を推し進める点で大きな変化があります。

その心▼大転換には紆余曲折がある

大胆な金融政策とは、具体的にいえば、日銀が市場から金融資産（基本的に国債）を買い上げて市場に流動性を供給し、長期間にわたって低金利を維持して国債の発行を円滑にすることです。

しかし実はこれは別に大胆なことではありません。先進国中央銀行はみな実施しています。特に米国の中央銀行組織Ｆｅｄのバランスシートは、リーマン・ショック以降、３倍に膨れあがっています。

このために日本銀行はわかりやすい目標を掲げます。安倍政権が誕生すると日本銀行は物価上昇率２％の目標を示したのです（インフレターゲット２％）。

これは日銀の大きな政策転換です。なぜなら、つい最近まで日銀は物価上昇のターゲットの設定には慎重であり、たとえ目標を掲げたとしてもせいぜい１％の枠にとどまっていました。それがその２倍の２％へ引き上げたのです。市場が日銀は大転換したと思うのも当然でしょう。

Q4
この政策転換で日銀の独立性が低下するという見方も出ているようですが？

A
たしかにそうです。しかし実は日銀の独立性の実状は意外に理解されていません。

その心▼国庫との関連抜きには語れない日銀の独立性

日銀に対するこのような強い政府の働きは中央銀行としての日本銀行の独立性・自主性を損なう

という批判も出ています。健全な通貨を維持すべき金融政策を担う日本銀行は政府から独立していなければならない、という立場の人たちの主張です。

ところが日本銀行の独立性・自主性の中身は意外に知られていないのです。そこで本書（特に第3章）では、現在の日銀法では独立性がどのようにうたわれ、それが実際にどのように保持されているのか――これを検証します。

日銀法を読めば読むほど、日本銀行の独立性は一般に理解されているそれと大きく乖離していることが確認できます。またこの法律は、今日の金融危機に機動的に対応できる文面となっているのか、筆者は大いに疑問を持っています。

新たな日銀法が施行されたのは1998年のことです。今日の連続多発している世界金融危機に従来の日銀法の枠組みのまま、グローバル化した世界経済や国内的に定着しているデフレという問題に、日本銀行は中央銀行として十分に対応できるのかどうか？　本書はこういう問題意識にたちながら、中央銀行の独立性のあり方についても検証します。

ここで独立性に関する日銀の一般に意外と知られていない実態をいくつか列挙しておきましょう。これは「はじめに」の箇所（7―8頁）でも問題提起したことですが、日本銀行が銀行券発行を独占できるのは、国家が通貨発行独占権を与えているからです。そしてこの日本銀行券を誰もが受け取りを拒否してはならない法貨（強制通用力のある通貨）と定めているのも、国家です。

だからこそ、それ自体は無利子で発行される借金証書にすぎないはずの日銀券が絶対的な支払手段として国内に通用しているのです。これにより、紙切れが日本銀行券という何でも買えるお金として流通するのです。そして日銀はこの借金証書で、絶対に安全とされている、デフォルトという債務不履行のない金融商品の国債を買い、その利子を主要な利益とするのです。つまり無利子で借金しながら利子を稼ぐわけです。この意味で、日銀は究極の錬金術師なのです。

したがって、日銀は国とのかかわりなしには大きな利益をあげられません。このため、政府から独立しているはずの日銀は、その利益の大半を国庫納付金として国に納めなければならないのです。

このように日銀の独立性の中身には奥深いものがあります。そこでさらに、日銀の独立性の内実が一般の理解ではすまされない例を挙げておきましょう。日本銀行券を製造しているのは国の財務省であり、日銀ではありません。国から独立しているはずの日銀の日銀券は国が製造しているのです。

さらに日本銀行のバランスシートを見ると国家との緊密な関係が浮かび上がります。その左側の資産側では、日銀の資産の大半は国債となっています。国が日銀の最大のお客だということです。もちろんこの関係でいえば、日銀は国に対する最大の債権者でもあります。逆に右側の負債項目をみると、この日銀の最大のお客であるはずの国が、日本銀行の株の過半数を保有していることが確認できます。国は日銀の最大の株主なのです。

以上の例がしめすとおり、日本銀行の独立性といっても国家との関連抜きには独立性は語れないのです。国家と日本銀行の関係をわかりやすくイメージするとすれば、天地創造のアダムとイブのような間柄です。それが国家と日本銀行の関係だと思っておいてください。

Q5

政府と日本銀行の関係がアダムとイブの間柄にあるということをもう少し詳しく説明してください……。

A

国というアダムの肋骨（リブ）を抜き取って誕生したのがイブ（中央銀行）なのです。

その心▼女房のイブは亭主アダムのお金のやりくりをする

世界の中央銀行の縁《えにし》をたどれば、政府の資金調達機関として設立されている歴史にたどりつけます。中央銀行のお尻には政府の母斑がついてまわっているのです。

さらに強調すべきは、サブプライムローン問題、リーマン・ショック、ユーロ・ソブリン危機というこの間の一連の世界的金融危機において欧米の中央銀行の役割が大きく変化している点です。日銀もこの流れから逃れられません。日銀の独立性も、それが明示された当時（１９９８年）と現在の状況では、扱いもかなりちがってくるはずです。

それを具体的に示しましょう。日本銀行よりも歴史的に独立性の確保がずっと早かった欧米の中央銀行は金融危機対策上、政府との連係を強めています。中央銀行のバランスシートには国債が充満しています。これは財政赤字ファイナンスをしないという従来の中央銀行の姿勢から大きくはみ出しているのです。しかも特に日銀の場合、ほかの中央銀行にはない大きな課題を負っています。すなわちデフレ脱却です。積極財政と大胆な金融緩和でデフレを脱却しなければなりません。

アベノミクスの導入で日本銀行も大きく変わるということです。すでに日銀首脳の陣容が一新されています。前の総裁が白川方明、新しい総裁が黒田東彦です。まさしく日銀はこれまでの政策の白黒の決着をつける方向を明らかにする時がきたようです。すなわち、これまでのデフレ対策が十分だったのかどうか？　その検証も求められます。そして新しい体制のもと日銀は一番矢でデフレをうまく射落とすことができるか、まさにその姿勢が問われているのです。

第2章 アメリカの核ならぬ〝株の傘〟にはまる日本経済

円安を追い風とし、アメリカ株を傘にして上げ潮に乗る日本株

Q1 アメリカ経済の回復が目立っていますが、その要因にはどんなものがあるのでしょう？

A 住宅価格が底を打っており、家計や企業はかつての過剰債務も軽減されつつあります

その心1▼将来への期待の高まり

ニューヨーク・ダウ平均は2013年3月14日まで10日連続で、過去最高を更新（1万4455ドル28セント）していました（過去最高は2007年10月の1万4164ドル）。この株価上昇を住宅市場の回復が牽引していました。2月の統計では雇用が市場の予想を上回っていました。世界的に有名な投資家のバフェットの楽観論、すなわち「米国にはチャンスがあふれている」も最高値の原動力になっています。たとえばシェールガス革命です。米国は貿易収支赤字の6割が原油の輸入によるものです。しかしシェールガスやシェールオイルの開発が進めば、米国はロシアやサウジを抜き原油・ガスの世界最大産出国になれるのです。貿易黒字国になるかもしれません。

Fedの金融緩和も効果を発揮しています。ダウ平均が金融危機後の最安値となった09年3月に、Fedは米国国債の購入を決断します（図4）。これで相場が反発します。2012年9月には量的緩和策第三段に踏み切っています。最近、世界の中央銀行の量的緩和の足並みもそろっています。

これに企業収益の改善も重なります。主要500社の1株純利益は88ドルです。これは08年の金

図4　量的緩和政策の推移を示すFedバランスシート
(2007年−2011年)

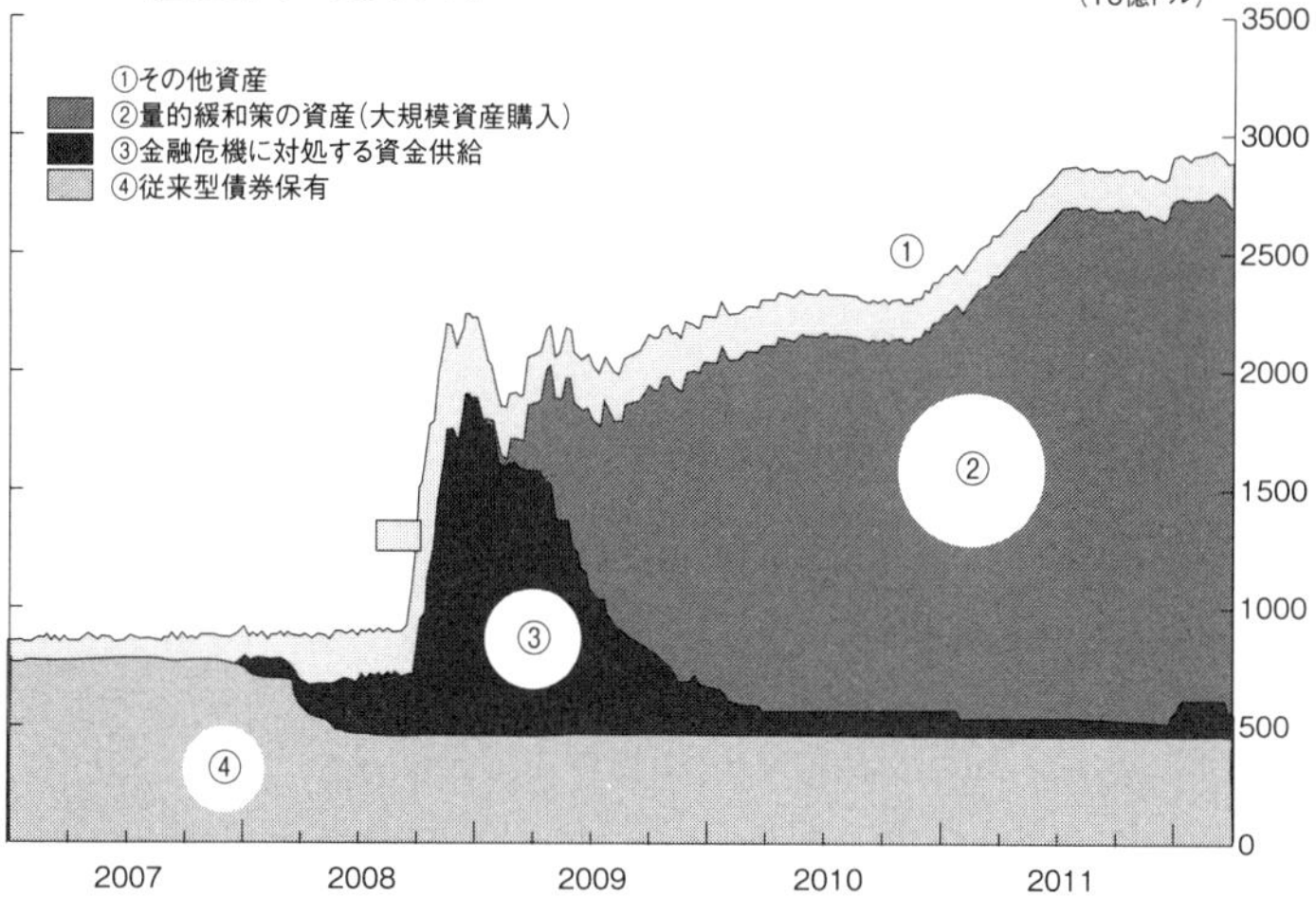

(出典)〈バーナンキ〉193頁の図。この図は必ずしも訳文のとおりでない。

融危機の時期の6倍近く、07年の約66ドルを大幅に上回っています。この13年間で主要500社の利益水準は2倍に増加しているのです。

家計の過剰債務は恐慌勃発以降、大きな重石になっていましたが、米国家計の純資産（資産から債務を引いた）は3月7日発表の時点で約66兆ドルです。これは金融危機前の2007年の過去最高に近い水準です。住宅価格や株価の上昇、他方、借金の返済の進行が功を奏しているのです。景気回復の足かせとなっていた要因が緩和されつつあるわけです。

銀行の財務の健全化も進みます。大手銀行持ち株会社に対するストレステストによれば、景気が著しく悪化しても、それに耐えられる財務内容の健全性があるそうです。このテストの対象18社のうち17社もが、Ｆｅｄが最低と定める資本を維持できると判断されています。

その心2▼ようやく水面下から浮かび上がれた人たち

米国の景気不安を解消させている強力な要因は、住宅価格の値上がりによる資産効果です。住宅の価格は底入れの状況にあり、2012年は6・9%上昇です。6年ぶりに年間騰落率は+となったのです。家計の住宅資産残高は12年9月末時点で11年末比で1・2兆ドルの増加です（約20%）。同期間、毎月平均で5万件に近い住宅ローンが水面下から浮き上がっています。

担保物件の価格がローン残高を下回っている住宅所有者のことを水面下に沈んでいる人といいます。その人たちが水面下からどんどん浮上し息を吹き返すのです。住宅価格が住宅ローン残高を上回る住宅純資産が回復しています。ドイツ銀行の見立てによると、13年にはさらに5〜10%増加する見込みだそうです。

この純資産があれば安心して個人は借金できます。その純資産の1割は消費に結びつくという経験則がある。これで最大1700億ドルの消費増加です。これに加えて株高の資産効果もあります。これが米国のバイタリティです。株高の傾向はこの1年間も続いています。

その心3▼アメリカ株を射程におさめた日本株

これがアベノミクスの追い風になります。アメリカの経済回復=企業収益の増加、株高により投資家のリスク・テークの意欲が高まっています。アメリカの投資家は超円高、デフレ経済で大きく出遅れている日本株の買いに向かうのです。

アメリカの株で儲けた投資家は、超円高が修正されている日本経済の株価の回復に引き寄せられます。円も安くなり、株も割安とみます。日本株の上昇のうま味があると判断します。

もちろん、円安が行きすぎると、日本株の上昇利益が為替差損で解消される恐れが出てきます。円安で株価が上昇する時にドル資産を持つ人にとってのメリットが減るからです。たとえば、2012年11月中旬から日経平均は4割近く上昇しても、ドルベース換算では2割弱の上昇にとどまってしまうからです。その恐れを解消するのに十分な株高の進行と、超円高の修正が適度にとどまる動きが望まれるでしょう。

超円高の修正のおかげで日経平均も13年3月8日以降、リーマン・ショック直前の水準を回復しています。これが日本が北朝鮮よりはるかに賢いところです。北朝鮮はアメリカを核の射程に入れる愚行に走っていますが、日本はアメリカを核ならぬ株の射程におさめるのです（図5）。

12年2月以降、日銀総裁の退任表明で円安期待や企業収益の改善の期待が高まります。特にトヨタ株がリーマン・ショック前に回復したのが象徴的です。2月の日経平均はリーマン・ショック後の高値を4年4カ月ぶりに越えています。日本の自動車メーカー8社は、13年の世界販売計画を2500万台超としています。2年連続で過去最高の更新です（〈日経〉2013年2月2日［夕刊］7,13日［夕刊］16日,18日,22日,28日,3月7,8日［夕刊］）。

図5　アメリカの株の傘にはまり元気づく日本株

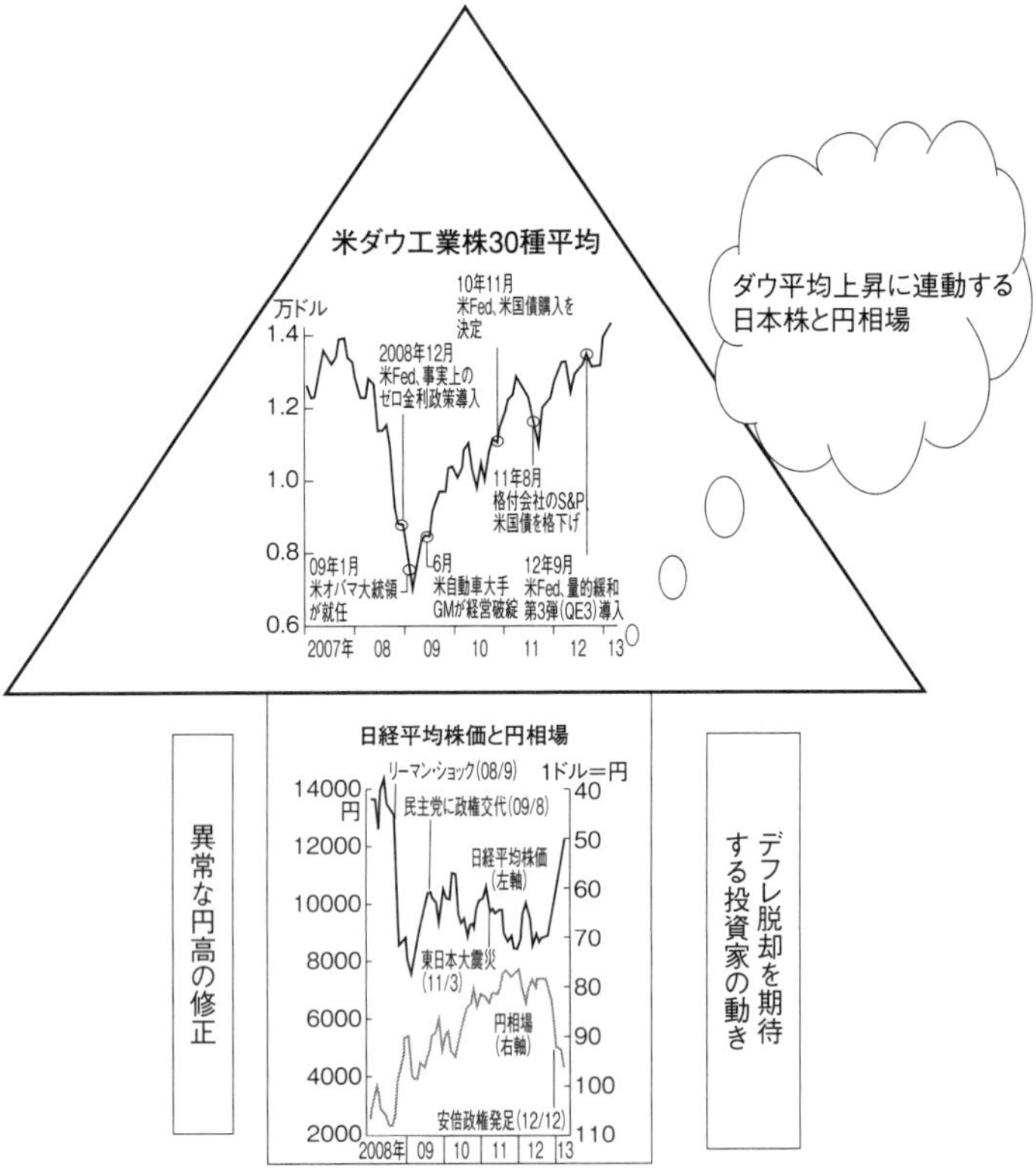

（出典）日本経済新聞2013年3月6日（夕刊）、10日に掲載の図をもとに作成

Q2 最近、急激に円が安くなっているのはアベノミクスのせいですか?

A 違います。世界の経済状況が円安を促す方向に転じているからです。いわば海外でも三本の矢が飛び交い、アベノミクスの追い風となっています。

その心1▼外国に飛び交う三本の矢

海外の第一の矢は、欧州の国家債務危機がひとまず緩和したことです。これでユーロ安円高はユーロ高円安に転じます。もちろんユーロ情勢は予断を許しません。ユーロ圏で反緊縮の政治勢力が強まると危機の解消要因はなくなります。実際、イタリアではベルルスコーニ率いる反緊縮派が総選挙で大きく躍進しています。彼がブンガ・ブンガ踊りに興じると波乱が起こるでしょう。

海外の第二の矢は、米国の株価が上昇していることです。日本が米国の〝株の傘〟にはまれば良いのです。こうなればアベノミクスも安心して三本の矢を射続けられます。日中関係も修復されるでしょう。あくまでも冗談ですが、隕石が日本に落ちるとすれば尖閣列島であってほしいものです。平和外交とアベノミクスの連動性を高める必要があります。

第三の矢は海外が円安傾向を是認していることです。いずれにしろ、世界の経済情勢はアベノミクスに好都合に動くでしょう。

その心2▼円安につながりやすい日本の諸要因

　このような対外事情に日本の要因も加わります。日本原発事故問題でエネルギー輸入が増加し、貿易収支赤字が2012年は過去最高となっており、日本の経常収支黒字が縮小する傾向です。

　日米の長期金利の動きも円安を促す重要な要素です。両国は金融を緩和し続け、金利も下がるまでしょうが、両国の間の金利格差が拡大するでしょう。日本は物価上昇を2％としているのでインフレ期待が高まり、名目金利マイナス物価上昇率から出てくる実質金利は下がります。

　米国Ｆｅｄは、自国の景気が上向き雇用が増加すれば金融緩和を修正するので、金利は上がっていきます。しかもこれまでアメリカの物価上昇率はすでに2％となっているので、日本に比べて実質金利の上がる余地が大きくなるでしょう。

　したがって金利の面からいっても、円が売られドルが買われる要因が強まります。日本の年金、生保の機関投資家は一時的な為替差益よりも長期的安定的な収益を求める傾向にあり、日米の金利格差が広がればドルを買う意欲を強めます。

　アメリカ経済の回復が本格化すると、世界から米国に資金が流入してドルは上がります。そしてアメリカの景気回復が本格化すれば投資リスクをとる姿勢も強まり、逆にアメリカから世界へ資金が流れ、これによりドルは安くなるでしょう。これはよいドル安循環です。

Q3 この間、日本は円を人為的に下げているという批判が海外から頻出しています。「通貨戦争」を激化させているというのです。この批判は当たっていますか?

A おかどちがいです。この間、異常に上がっていた日本円が正常に戻っているだけのことです。

その心1▼日本は堂々と反論

日本の景気対策は、この間の異常に急激な円高を是正するものにすぎません。リーマン・ショックの2008年に円は100円を超え、110円に近づいていたくらいです。特にその頃、話題になったのが円キャリートレードでした。金利の安い円を借りて金利の高い外国通貨で運用するから、円は売られやすかったのです。

2013年1月の時点では、1ドル=90円が輸出企業の損益を分ける為替水準とされます。もちろん為替相場の適正水準は輸出比率、あるいは海外生産の比率などにより、企業によって若干の差はあるでしょう。

最近の円安について、日本側も堂々と主張します。1月半ば、麻生財務大臣は「一方的に行きすぎた円高を修正する動きになっている」と認識し、日本の景気対策は「デフレからの脱却が目的だ。為替操作にはまったくあたらない」と説明していました(〈日経〉2013年1月15日[夕刊],22日)。

その心2▼米国も理解。米国も同じことをやっている

　特に注目すべきことは、米国が円高是正傾向について異議を唱えていない点です。米国は伝統的に日本の対米黒字、円安に難癖をつけてきた国です。冷戦終了以降、日本が米国の脅威と映った時期は、その傾向が強かったのです。しかし今回、その米国は日本に注文をつけていません。おそらく中国が台頭したためでしょう。中国をけん制するためには日本経済の立ち直りが欠かせないはずです。しかも、米国の軍事支出は削減される流れです。東アジアで日本はその削減を埋め合わすことが求められているようです。

　むしろ米国は日本に深い理解を示しています。たとえば、米国財務次官ブレイナードは2月11日、安倍政権の政策について「デフレ克服と経済成長の活性化に向けた努力を支持する」と語り、円安・ドル高については「論評しない」と発言しています（〈日経〉2013年2月12日［夕刊］）。

　なぜ米国は気前よい理解を示すのでしょう。日米の金融政策が似ている状況にあるからです。バーナンキＦｅｄ議長は２０１２年秋の東京のＩＭＦ総会で、Ｆｅｄによる量的緩和は経済の底上げが狙いで「ドル安を意図していない」と主張しました（〈日経〉2013年1月15日［夕刊］）。

　これがデフレ対策を強める日本を後押しします。実際、日本は金融緩和を大胆に推し進めることになったのです（先進国の中で物価下落のデフレの圧力を受けているのは日本だけ）。

「エコノミスト」誌はこの点をうまく伝えています。日米という太平洋両側の金融上の促進策は世

界の投資家の信認にとって「強力な錬金術の妙薬」(a powerful elixir)だというのです。そして、ユーロ圏もこれに倣い、金融緩和を促進すべきだというのです。このような金融緩和政策が有効なのはインフレが抑えられている国の場合で、インフレの問題を抱えているブラジル等の新興諸国には向かないというのです。

実際、バーナンキＦｅｄ議長は13年の２月26日の上院銀行委員会で、日本の積極的な金融緩和策に関し、「日本が目指す金融政策は国内目的であり、為替相場を目的としていないと思う」、あるいは「デフレ脱却を目指す試みを支持する」と述べています。自国の金融政策についても、Ｆｅｄは「ドルの(特定の)水準を目標にしていない」というのです。Ｆｅｄ議長が他国の金融政策を評価するのは異例のことです。日米双方が積極的な金融緩和を続けていくことを確認したものとなっています(《日経》2013年2月27日[夕刊])。

今回の日本の円安は日米の利害が一致しているのです。

その心３▼海外から共感(empathy)を得ている〝円パシイ〟。「通貨戦争」という主張の中身は空っぽ(empty)。

日本円の動向はアメリカばかりでなく、ＩＭＦ、「エコノミスト」誌からも正当な評価を受けています。２０１０年夏、ブラジルのマンテガ財務大臣はアメリカのドル安の流れを「通貨戦争」と名指ししました。この蔵相は13年２月のＧ20の場でも、「通貨戦争は激化している」と警告しています。

しかしＩＭＦは同年2月下旬、世界経済の現状に関する報告書で、円安の進行が通貨引き下げ競争を引き起こすという「通貨安競争」の懸念は「誇張」されたものであると分析しています〈〈日経〉2013年2月22日［夕刊］〉。

「エコノミスト」誌も、その点を適切に捉えています〈〈The Economist〉2013年2月6日p.13〉。「誇張されている通貨戦争」（Phoney currency wars）というタイトルの論考には、「世界は日本とアメリカの通貨政策上の主張を認めるべきである」という見出しが付いています。2月15―16日のモスクワのG20協議でも、通貨戦争に関する一発の爆弾も弾丸も飛び交っていないというのです。

そしてこの日本の為替政策は、アメリカのそれと同一歩調にあるとしています。Ｆｅｄの量的緩和政策と日本の大胆な金融緩和政策は同じだというのです。

ここでバーナンキＦｅｄ議長に、アメリカの量的緩和政策の特徴を説明してもらいましょう。一般には「非伝統的な金融政策」いわゆる量的緩和ですが、バーナンキによれば、正式には「大規模資産購入政策」（The Large-Scale Asset Purchases）です〈〈バーナンキ〉191頁〉。

「エコノミスト」誌は、このＦｅｄ金融緩和政策の目的をきちんと理解しています。「弱い需要とインフレが抑制されている経済大国の場合、積極的な金融膨張はその他の世界には良いことであり、悪いことでない」というのです。

このアメリカの「量的緩和」政策を批判したのがブラジルの財務相でした。Ｆｅｄが新規にお金を創出し大量に債券を買ったため利回りが下がる。そこで世界の投資家はより高い収益を求め、新興諸国の投資へと殺到した。その結果、新興国の為替が上がり、新興諸国の景気はダメージを受けたというのです。

しかし「エコノミスト」誌はこのような非難をたしなめます。批判は行きすぎだというのです。むしろ非難されるべきは「通貨戦争」と煽るブラジルだというのです。「その他の世界は、アメリカと日本を非難するよりも、賞賛すべきである」というのです。

そうたしなめる理由を、もう少し詳しくみておきましょう。ゼロ金利政策をとる中央銀行は、金利政策という伝統的手段をこれ以上使いようがない。だから非伝統的手段に頼るしかない。この非伝統的手段により、実質金利を引き下げ、人々の間にインフレが起こると確信させる。その目的は、国内の支出と投資を促進することである。たしかに、その副産物として通貨が下がり、これが輸入抑制になるかもしれない。しかしその反面、国内需要が回復すれば、最終的には輸入増大につながる。実際、IMFによれば、ドルを弱くさせた米国の金融緩和が、貿易相手国の産出を0・3%も引き上げています〈〈The Economist〉前掲〉。

もし日本が批判されるとすれば、行きすぎた円高の是正に攻勢をかけるため、実際に為替市場に介入した時である（もちろん日本は為替市場に介入していない）。世界の蔵相と中央銀行家にとって戦うべきは、停滞であって、お互い同士ではない〈〈The Economist〉前掲〉。このように、同誌は「通貨戦争」を煽る向きを暗に批判しているのです。

その心4▼異常で急激な円高を阻止する行動は、先進国の理解を得られる

東日本大震災（２０１１年３月11日）の時の円相場の動きを思い出してください。震災直後に円が異常に急騰しました。３月16日、日本円は10分間に何と４・３％も上昇し、過去最高値の76・25円になりました。これは明らかに投機家のせいです（〈米倉2012〉183頁）。

これに対応するためＧ７は声明を出しました（「２０１１年３月18日に、日本とともに為替市場における協調介入に参加する」）。もちろん、この協調介入は日本経済への脅威を緩和するためのものです。「邪険な投機家」に立ち向かうのです。この協調介入にＦｅｄ、ＥＣＢも参加します。このような協調介入は10年以上もなかったことでした（〈FT〉2011年3月19日、〈日経〉2011年3月18,19日）。

２０１３年４月20日のＧ20会議（ワシントン）でも、日本の金融緩和は「デフレを止め内需を支えることを意図したもの」と共同声明に明記されています（〈日経〉2013年4月20日〔夕刊〕）。

このように日本の急激な円高阻止の介入には、他の先進国の理解を得られるのです。今回は為替市場への介入もありません。だから余計、円高是正傾向は外国から理解を得られるのです。

その心5▼さらに世界の理解を深めている日本の円相場の動き

２０１３年２月、主要７カ国Ｇ７は共同声明を出します。通貨安競争の回避の声明です。安倍政権の政策は為替操作にあたらないとして円安も認めています。麻生蔵相も２月12日、「日本の政策

がデフレ不況対策であり、為替相場に使っていないと各国から正式に認識された」と説明していま
す〈日経〉2013年2月13日）。

先進国の理解の表示はさらに続きます。2月13日、イングランド銀行総裁キングは「経済成長を支えるために金融政策を使った結果としての為替への影響は認められるべきだ」と述べていま
す（〈日経〉2013年2月14日）。

スイス国立銀行総裁ヨルダンも2月12日の記者会見で、安倍政権の政策に関し、「デフレを克服するための政策」と理解を示し、「世界の中銀は通貨戦争をしているわけではない。国内政策の必要に応じ政策に取り組んでいる。欧州も日本も同じ」と語っています〈日経〉2013年2月13日［夕刊］）。

その心6▼いい円安と悪い円安――円安になったら外国から批判が出るのはお決まりの行事

米国ビッグ3は、日本の円安政策を「近隣窮乏化」と批判しました。ドイツのメルケル首相やヴァイトマン中央銀行総裁も日本をけん制します。通貨問題は財務省所管の話のはずですが、ドイツの中央銀行総裁はそれを気にしないようです〈日経〉2013年1月15日［夕刊］）。さらにドイツのメルケル首相は、1月24日ダボス会議で、最近の円安に不満を表明し、政府が中央銀行に圧力をかけるべきでないと発言したそうです。「為替操作は敏感な問題になりつつあり、日本に対する懸念が出ている」と批判したのです〈日経〉2013年1月27日）。しかしこのような批判も、いつまにか話題にのぼらなくなっています。

悪い円安もあります。1997年以降、円は急激に安くなりました。日本経済では株安、国債安の懸念が強まっていました。当時の日本が不良債権問題を抱えていたから円安になったのです。

しかし2005年から2007年8月の円安傾向は、日本経済が回復過程にあるために起きています。円安と景気回復が同時に進んだのです。なぜでしょう？

それは当時は世界的には「大いなる安定」の時期にあり、世界的な金融バブルで、日本の円のキャリートレードも進行していたからです。世界の資金がサブプライム関連証券等に吸収されていた時代です。あるいはユーロ圏の不動産バブル、国債バブルが盛んだった時です。そういう中、トヨタが史上空前の利益をあげました。トヨタは06年度、07年度、いずれも史上空前の営業利益をあげ、GMを抜いて世界最大の自動車会社となったのです〈米倉2009〉18頁〉。しかし、その当時にこの円安を日本が誘導したという批判はありませんでした。

いずれにしろ、新興諸国は先進国の金融政策を「通貨戦争」であると批判するのは毎度のことです。「通貨戦争」なる批判のレトリックに惑わされてはいけません。中南米の政治家は先進国批判を売り物にします。13年3月に亡くなったベネズエラのチャベス大統領がその典型です。06年の国連総会でチャベスはアメリカのブッシュ大統領を「悪魔」とののしり、続くボリビアのモラレス大統領は「それは悪魔に失礼だ」と発言した話は有名です。

Q4 為替問題で日本がいわれなき非難を受けていることがわかりました。ではそもそも「通貨戦争」という類の批判はなぜ出てくるのですか？　もともとの出元はどこでしょう？

A 意外や意外、「通貨戦争」あるいは「近隣窮乏化政策」論の元祖はアメリカなのです

その心▼米国が1930年代のブロック経済における「近隣窮乏化」政策を主導

　1930年代の世界経済を「近隣窮乏化」政策の時代とする見方が一般的です。外国に輸出しまくり、外国からの輸入を抑制する。自国だけがよければいい。近隣諸国や外国はことはどうでも良い。この意味で、まさに「近隣窮乏化」政策の名前がピッタリあてはまります。この政策により自由貿易経済は崩壊し、世界にブロック経済がはびこったというわけです。

　ここではひとつ、意外な例を示します。1930年代、自由為替の国で自国通貨を意図的に切り下げたのは米国だけです。英仏のポンド、フランの場合は、国際収支危機から切り下げに追い込まれました。ナチスが台頭するドイツは、対外債務が多いせいもあり為替は切り下げていません。そのかわり、厳しい為替管理を導入しているので、実質は為替切り上げです。

　これに対し、米国の場合、貿易収支は大幅な黒字のままなのに対外貸付を実質的に停止し、また高率関税を導入しています。当時のローズベルト大統領は1933年、自国が大幅な国際収支黒字

基調であるにもかかわらず、ドルを切り下げたのです。

30年代に競争的為替切り下げや為替管理を先導した国はドイツ、日本など旧枢軸国だったとするのが一般の解説のようです。ところが、国際収支は大幅な黒字なのに自国通貨を切り下げた有力国は米国だけです。このように、米国が為替切り下げ競争を主導したというのが、ヌルクセ、ブラウン、ドラモンドなど世界的な国際金融研究の泰斗の主張なのです〈米倉2008〉41-43頁）。

第3章

日本銀行の役割

日銀法を読み解くと浮かび上がる玉虫色の独立性

1　日銀券の誕生・流通の流れ

Q1
日本銀行券は日銀のどこで製造されるのですか？

A
意外に知られていませんが、日銀は銀行券や貨幣は製造していません。製造しているのは国（財務省）です。この製造物は日銀のフィルターにかかると銀行券として発行されます。製造と発行の違いに注意しておいてください。

その心▼日本銀行券の出世魚物語

日銀券がたんなる紙の「モノ」から「お金」へ出世魚のように華麗に変身する過程を説明します。
日銀券は誰が製造するのでしょう。日銀ではありません。独立行政法人国立印刷局が製造します。日銀はこの紙の製造費用を払った後に引き取ります。引き取る時点では日銀券はあくまでも「モノ」であり、「お金」ではありません。
では、いつから「お金」になるのでしょう。それは金融機関が日本銀行に保有する当座預金を引き出し、日本銀行の窓口から銀行券を受け取る時に初めて、日本銀行券は「モノ」でなく、「お金」

図6　日本銀行券が発行される手順

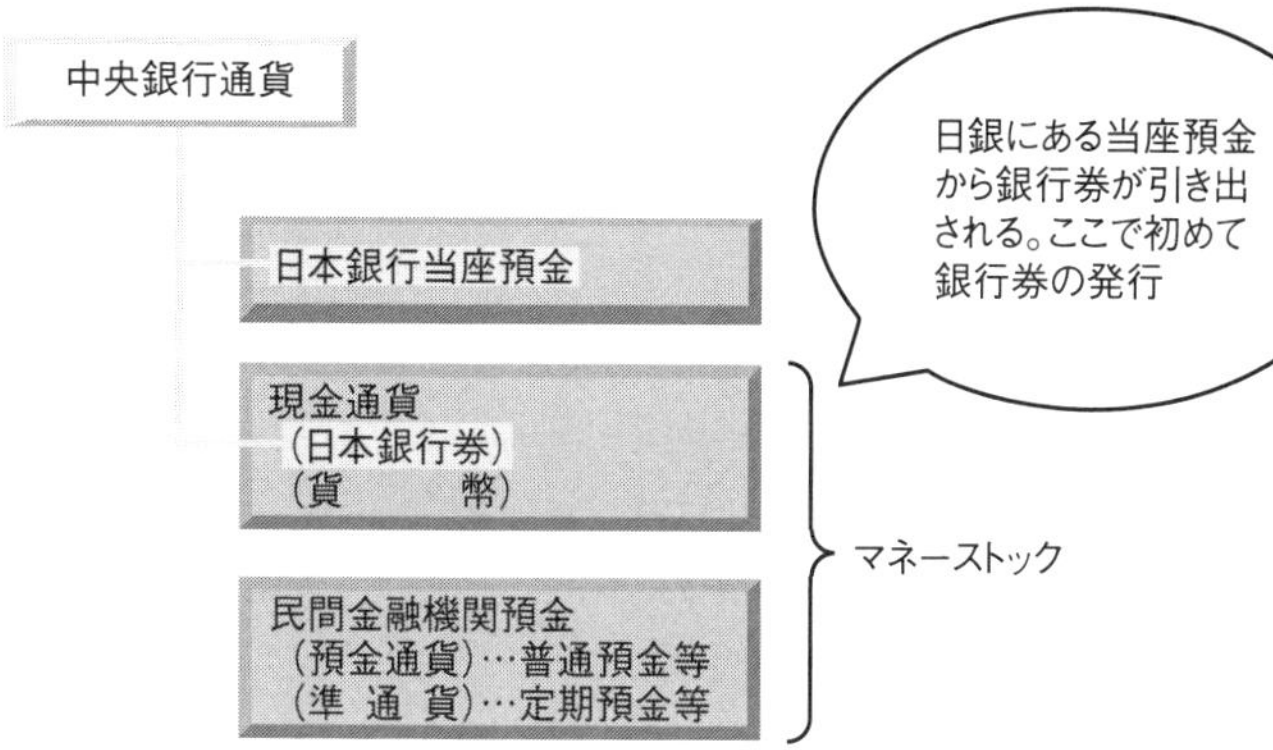

（出典）〈日銀〉7頁。なお、銀行券の流通過程の一覧は同50頁の図に掲載

として使用されるのです。ここで日銀はようやく日銀券など中央銀行通貨の発行主体になります（〈日銀〉42頁）（図6）。

ここでは少しややこしい話が続きます。一般に日本銀行の発行する通貨（中央銀行通貨）は、日本銀行券（日銀券）であると思われがちです。ところが、この日銀券は日銀の発行する通貨の一部にすぎません（図6参照）。

ではその点を説明します。日銀は民間の銀行に資金（流動性）を供給する時に、中央銀行通貨を発行します。しかし日銀券はこの時点では発行されません。日銀は貸出や証券購入を通じて金融機関に資金（流動性）を供給しますが、その際、供給先の当該金融機関の日銀口座（日本銀行当座預金）に貸出や証券購入に見合う額の資金（中央銀行通貨）を振り込むのです。

この振り込みは、あくまでも電算上の記帳にすぎません。だからこの時点では日銀券は1円も発行されていません。これは給料振り込みをイメージすれば、わかりやすいでしょう。今日、ほとんどのサラリーマンは給料を現金で渡されません。銀行振り込みの明細書を受け取るだけです（後で個々人がATMで日銀券を引き出す）。

このように日銀による民間金融機関への資金供給では、当該金融機関が持つ日銀当座預金の勘定に預金が創出されただけのことなのです（電算上の記帳）。しかし、この金融機関には手もとの現金通貨（日本銀行券）が不足することがあります。

それはどういう場合でしょう？　一般の顧客が銀行のカウンターやATMから日本銀行券を現金として引き出すことが多くなる時です。するとこの金融機関は手もとに現金通貨が不足するようになります。そこでこの不足を埋めるために日銀当座預金から日銀券（現金通貨）を引き出し、現金通貨を手もとに補充するのです。この時に初めて日銀券が発行されるのです。

図6も示すとおり、日銀にある金融機関の当座預金から銀行券が引き出される時に日銀券が発行されるのです（この日銀券が社会に出回るルートについては、次のQ2の図8で説明します）。

いずれにしても、日銀券は、金融機関の日本銀行当座預金から現金通貨が引き出された時に初めて発行されるのです。この点は、図6にそって別の説明もできます。すなわち、日銀が民間の金融機関に供給した中央銀行通貨は、まず日銀当座預金として創出され（電算上の記帳）、次に民間金融機関が日銀にある当座預金から現金通貨を引き出す時に、ようやく日銀券として発行されるという次第です。そしてこの日銀券は一般の銀行を通じて個人の間に流通するわけです。

すでに説明したことですが、この日本銀行券は財務省の傘下の機関が製造したものです。これが日本銀行に渡される時はあくまでも「モノ」にすぎません。それが日銀券という通貨に変身するのは、日本銀行当座預金から現金通貨が引き出される時のことなのです。

これを再度、図6にそって別の視点から説明しましょう。中央銀行通貨が、日本銀行当座預金という電算上のマネーから、日銀券という直接手にさわれるリアルなマネーにポジション・チェンジするのです。

こうして、財務省の一機関から生まれた「モノ」にすぎない紙切れは、日銀で「信用」の衣裳をまとい、みなが手にしたい憧れのアイドルとして世の中に登場するわけです。たとえていえば、シンデレラ嬢の話に出てくるカボチャが、魔術をかけられてピカピカの馬車に変身するわけです。本書が日銀券を出世魚にたとえた理由がここにあります。しかし注意すべきは、日銀券はあくまでも日本銀行の債務証書にすぎないということです。これが信用の魔術にかけられると絶対的な支払手段として日本社会に通用するのです。

次に我々が一般に硬貨と認識しているお金は、日銀の方言では「貨幣」と呼ばれます。この「貨幣」は独立行政法人造幣局が製造した後、日本銀行へ納付された時点で、国が「お金」として発行したことになります。この場合、発行主体は国（財務省）です（〈日銀〉42-44頁）。

では日銀券と「貨幣」の共通性と違いを再確認しておきます。日銀券と「貨幣」の製造主体は日銀ではないということです。しかし日銀のバランスシートのフィルターにかけられると、日銀券と

「貨幣」はマネーストックとして共に日本銀行の窓口から世の中に送り出されるのです。

なぜこのような話をするのか？　世の多くのエコノミスト達が、日本銀行が日銀券を増刷すれば景気がよくなり、物価が上がるという主張を平気でしている事情を是正するためです。彼らは日銀券の生い立ち、成長の過程を知らないで金融政策を論じているのです。

このような馬鹿げた話をして有名になった人がいます。Ｆｅｄ議長のベン・バーナンキです。彼がＦｅｄ理事だった時のことです。２００２年から２００３年前半にかけてバーナンキは、中央銀行がヘリコプターからお札をばらまけばデフレから脱却できるという実験を推奨していました〈加藤〉30頁）。このため「ヘリコプター・ベン」のあだ名がついたくらいです。

では当のバーナンキは何と言っているのでしょう。２０１２年3月の大学生向けの講演で、次のように明言しています。「正確な事実としては、連邦準備は証券を入手するためにお札を印刷するということはしていません」（〈バーナンキ〉197頁）。

Ｆｅｄが金融緩和のため証券購入を膨張させていることに関し、Ｆｅｄがお札を印刷しているという類の誤解を正しているのです。ここにおいて「ヘリコプター・ベン」は墜落しています。だからヘリコプターからお札はばらまかれないのです。

図7を参照してください。図の中の①は平坦な動きを示しています。この①はＦｅｄが市場の資金を供給するためのＦｅｄ銀行券のことです。これは証券購入の増減にあまり影響されていません。

図7　量的緩和政策に伴う流通連邦準備銀行券の推移
(2007年〜2012年第I四半期)

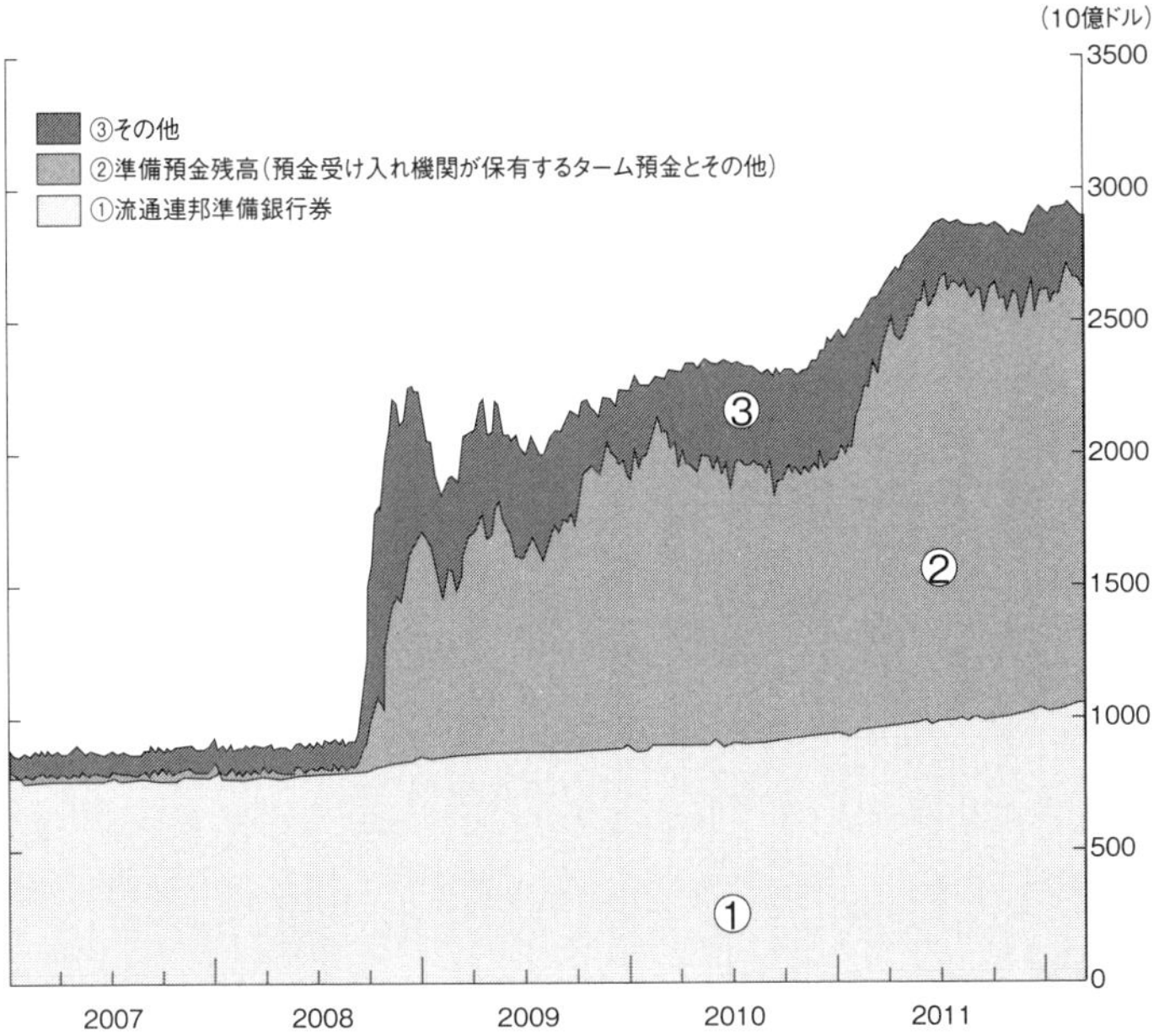

(出典)〈バーナンキ〉198頁の図4·3より。なお、本書は源資料も見て図を作成しているので訳文に従っていない。

影響されるのは何か？　②の準備残高です。これは銀行がＦｅｄに置く口座です。日銀でいえば、いわゆる中央銀行当座預金です。

この中央銀行当座預金は、これを預託している商業銀行側からみれば資産ですが、Ｆｅｄから見ればあくまでも負債にすぎません。Ｆｅｄは商業銀行から証券を購入すると中央銀行通貨という債務証書を発行し、その発行額を商業銀行の中央銀行当座預金に振り込むのです。

この種の通貨発行は、Ｆｅｄの勘定では電子上の記帳にすぎず、現金ではありません。だから印刷されるはずもありません。ましてや流通するわけがないのです〈バーナンキ〉197,199頁）。ここでもバーナンキのヘリコプターは飛びません。

ここで話がかわります。Ｆｅｄの連邦準備銀行券と日銀券の共通性を指摘しておきます。連銀券と日銀券の製造主体は中央銀行ではなく、国（政府機関）だということです。しかしいずれの銀行券も中央銀行のバランスシートのフィルターにかけられると、中央銀行による発行となり、中央銀行の窓口から世の中に送り出されるのです。

なお、通貨の製造先は国によって異なります。イギリスの銀行券は製造者は民間です。ユーロの場合、銀行券の製造主体は国によって異なり、各国中央銀行、政府、民間となっています〈日銀〉43頁）。

ユーロの場合、発行主体は各国中央銀行です。発行権は中央銀行組織の最高意思決定機関であるＥＣＢ理事会に属しますが、実際の銀行券は各国中央銀行が発行します〈日銀〉43頁）。後にも指摘することですが、ＥＣＢ自体はユーロ銀行券を1ユーロも発行していません。銀行券は「法貨」（強制通用力のある通貨）です。法貨を制定できるのは国家しかありません。ＥＣＢを構成するユーロ圏各国中央銀行が発行する銀行券を法貨と制定できる権限は、それぞれの国家に帰属するはずです。だから背後に国家のないＥＣＢには法貨を発行できないのです。

なお、日本銀行が発行する中央銀行通貨と「貨幣」（いわゆる硬貨、補助貨幣のこと）の別な違いも確認しておきます。「貨幣」も日銀券と同様に強制通用力がありますが、一回あたりの使用個数が多いと受け取りを拒否することができるそうです。受け取り側にとって計算や保管で手間がかかる。だから同一貨幣が1回の支払につき20枚を越える場合は、受け取りを拒否してもよいそうです（〈日銀〉45頁）。

これもある意味当然でしょう。銀行券と「貨幣」という日本の現金通貨流通高は、２０１０年3月末で約82兆円ですが、銀行券は貨幣に比べて額面金額が大きいこともあり、現金の95％は銀行券で占められています（〈日銀〉44頁）。銀行券は小口資金の受払いに広く利用されています。汎用性が高いからです。

余談ですが、筆者も大学生の頃、1円玉を30枚以上を出して銭湯代を支払おうとしたら、番台の人にいやな顔をされた経験があります。これも貨幣と銀行券の汎用性の差によるものでしょう。

Q2
日銀では製造されず発行されるという銀行券は、一体どのようなルートで社会に出回るようになるのでしょう？

A
それは銀行券が銀行のＡＴＭやカウンターから引き出された後の流れからわかります。

その心▼日銀にある民間の銀行の口座の動きからわかる日銀券の流れ

たとえば皆さんが預金をＡＴＭや銀行のカウンターから引き出したとしましょう。この引き出しが続けば、引き出しを受けた銀行は手もとの銀行券が不足します。

この場合、Ｑ１でも説明したとおり、民間銀行は中央銀行当座預金を取り崩して、手もとの銀行券を補充するのです。これが銀行券が日本銀行から発行される径路です。

この銀行券払い出しを日本銀行側からみてみましょう（図８）。負債側では、当座預金から銀行券引き出しの分が引き出されるので、当座預金が減ります。図では１００マイナス50です。他方、発行銀行券は０が50に増加します。日銀の負債である当座預金の一部が銀行券としての負債に変わるのです。

このようにして銀行券は日本銀行から市中に出回るようになるのです。直接、日本銀行が日銀券を製造しているのではない、また直接銀行券を発行していることにならない、と説明したのはその

図8　日本銀行から銀行券が引き出されて変化する日本銀行のバランスシート

資産	負債
国債、貸出金（100）	日本銀行と取引のある銀行の当座預金（100）

銀行が自行から銀行券を引き出される場合、それを補充するために日銀にある当座預金から銀行券を50引き出すと次のようになる。

資産	負債
国債、貸出金（100）	当座預金（100−50） 銀行券発行（＋50）

負債の内訳の変化に注目

ためです。

なお注意すべきは、中央銀行通貨として発行された日銀券はあくまでも日本銀行の債務証書（借金証書）にすぎません。図8のとおり、日銀券発行は日銀のバランスシートの負債の側に計上されています。

Q3 日銀券が市中に出回る径路は確認できました。ではこの径路と発券銀行としての役割とされる「最後の貸し手」の役割は、どのように関連するのでしょう?

A 銀行が取り付けに遭い、預金者が銀行に殺到する光景を思い浮かべるとよくわかります。

その心▼取り付けを受けた銀行は日銀券が不足する

たとえば、銀行が倒産するなどの噂が出回ると、預金者はその銀行から預金を引き出すでしょう。すると、他の銀行の預金者も同じ不安にかられます。そうなると銀行は取り付けに備え、お金を貸し出さなくなり、貸し出したお金を回収し、退蔵するでしょう。

そこで日本銀行はこの銀行へ流動性を供給します。この銀行の日銀にある当座預金に貸出額を振り込むのです。取り付けにあった銀行はこの銀行券を引き出し、取り付けに備えるわけです。

この発券銀行としての日本銀行は、銀行間の取引に流動性(資金)を供給して「最後の貸し手」の役割を担うのです。それは金融システムを安定させるためです。

取り付けを放っておくと、その取り付けがほかの銀行にも広がり、銀行間でも貸し借りができなくなり、銀行の信用仲介機能が麻痺します。預金を受け入れ、これを貸出に回す機能、あるいは、貯蓄と投資の間の仲介機能が麻痺します(〈日銀〉19-21頁)。ある金融機関の支払不能が他の金融機関

図9　中央銀行の日銀による金融政策の波及経路

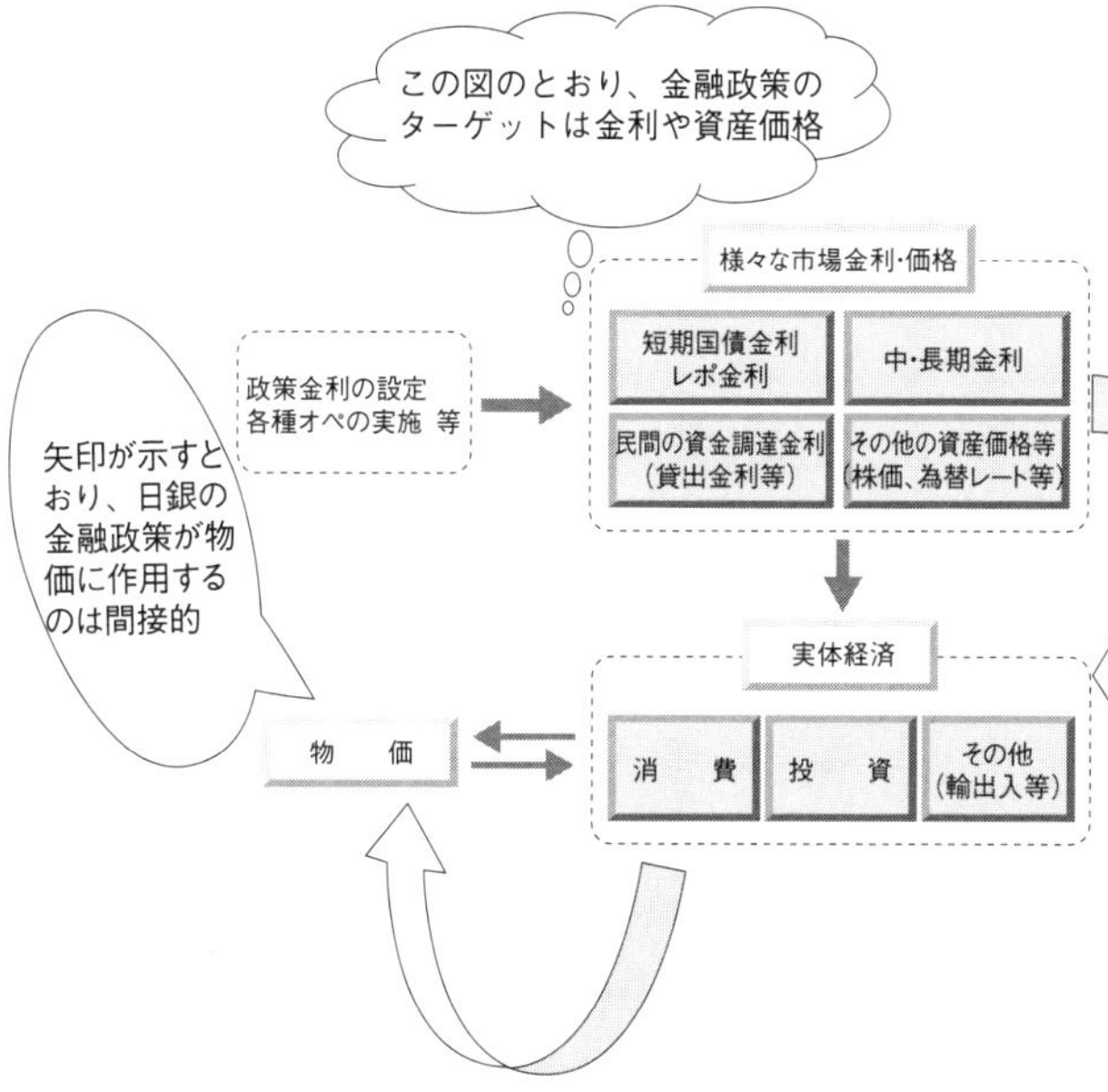

（出典）〈日銀〉14頁の図1-2を利用して作成

にも連鎖的に広がり、金融市場が麻痺します。これが金融のシステミックリスクです。２００８年９月のリーマン・ショックがその好例です。

　このような場合、最後の貸し手としての中央銀行が大きな役割を果たします。金融市場が金融危機に直面したとき、信用リスクがなく、誰もが受け取りを拒否しない通貨（中央銀行通貨）を供給できるのは中央銀行だけだからです。中央銀行はこのような特性がある中央銀行通貨を供給して金融機関の支払不能連鎖を断ち切り、銀行の資金仲介機能を回復させるのです。

このようにして中央銀行は金融政策の側面から物価の安定を図ります。中央銀行通貨の供給量の増減で金利水準の上げ下げをしながら経済社会の資金需給を調整し、物価の安定を図るのです〈〈白川〉20頁〉。

この場合、金融政策による物価調整は図9のとおり、あくまでも種々の金利や金融資産価格の上げ下げをとおして、消費、投資等の実体経済に作用するという、間接的な効果しか発揮できません。その効果があったとしても、せいぜい金融資産価格に対してだけです。物価に直接的に働きかける手段は既存の日銀にはないのです。

なお、これも意外なことですが、中央銀行として大きな役割となるはずの最後の貸し手の機能は、中央銀行に一般化しているわけでありません。たとえば、最後の貸し手の機能はＥＣＢにはありません。また、ドイツ連銀の場合、伝統的に最後の貸し手としての活動は行なっていません（しかしいざという場合、政府と協調する）。他方、イタリア銀行やイングランド銀行には最後の貸し手の役割はあります。

しかもＥＣＢは中央銀行としては特異な存在です。ＥＣＢは政府の銀行でもなく、実際は銀行券を発行していません。なぜならＥＣＢには法貨の発行を認める国家が背後にいないからです。

2　日本銀行の目的

Q1
日本銀行の目的は何でしょう？

A
物価の安定と金融秩序の維持です。しかし物価の安定が目標となったのは最近のことです。また、金融秩序の安定も日銀だけの仕事ではありません。

その心1▼物価安定は必ずしも中央銀行の役目になっていない

日本銀行法では、日本銀行の目的は次のとおりになっています。「我が国の中央銀行として、銀行券を発行するとともに、通貨及び金融の調節を行うこと」および「銀行その他の金融機関の間で行われる資金決済の円滑の確保を図り、もって信用秩序の維持に資すること」と規定しています。

そしてこの通貨及び金融の調節を行うに当たり、「物価の安定を図ることを通じて国民経済の健全な発展に資すること」を、目的として掲げています。要するに金融の調整により物価の安定と金融秩序を保ち、日本経済の発展につくすということです。

しかし他国の中央銀行の目的と比べると微妙なちがいがあります。欧州の中央銀行をみると、統一通貨ユーロの欧州中央銀行（ＥＣＢ）は物価安定を金融政策の主な目的としています。しかしＥＣＢには銀行監督の権限はありません（将来、設ける予定）。ドイツ連銀にもありません。同じユーロ圏の中央銀行のイタリア銀行にはあります。

他方、同じ欧州でもユーロに入っていないイギリスの中央銀行イングランド銀行も物価の安定を目的としていますが、銀行監督の役目は金融サービス機構（ＦＳＡ）にあります（ＦＳＡは２０１３年４月１日に解体。監督権はイングランド銀行へ移る）。

１９９８年４月の法改正で、イングランド銀行に金融政策の独立性が全面的に独立性が付与されました。その前年の５月に労働党ブレア政権のもと、ブラウン蔵相は１９９７年５月に公定歩合の決定権限をイングランド銀行に移行させています。しかし、為替は大蔵省所管のままです。しかも物価目標を設定するのはイングランド銀行でなく政府なのです（〈速水〉84頁、〈白川〉98頁）。

その心２▼最大雇用を目的に掲げるＦｅｄ

米国のＦｅｄの場合、物価の安定ばかりでなく、最大雇用、長期金利の安定も目的とされています。この場合、長期金利の安定は物価の安定のもとで実現されるという理由から、Ｆｅｄの目的は物価の安定と景気の安定の２つにあると解説する人もいます（〈白川〉28頁）。日銀総裁になる前の白川方明博士です。しかし、Ｆｅｄの場合、「最大雇用」の目標が重要なはずです。これがない日銀とは大きなちがいです。「雇用」と「景気の安定」は両者、中身が完全に一致することはない。中身は微妙にずれているはずです。

また金融監督については、日本銀行と同様、その権限はＦｅｄに集中していません。金融監督権限は四機関に分割されています。通貨監督官は国法銀行、Ｆｅｄは国法銀行と州法銀行、ＦＤＩＣ（連邦預金保険公社）は国法銀行と州法銀行、各州の銀行監督官は州法銀行という区分です。

その心３▼中央銀行、政府間で分担される金融監督

先に日本でも金融機関に対する規制・監督は日銀に集中はしていないと記しておきました。日銀は金融機関の考査実施の立場で金融監督にあたります。これは金融システムの安定のためのはずです。しかし、金融システム安定の仕事には金融庁も関わります。金融庁は規制・監督当局としての立場から、銀行などへの免許付与を含む各種の行政処置や検査を行ないます。また財政当局である財務省も健全経営の観点から、金融機関の破綻処理制度や金融危機管理に関する企画・立案を担います（〈日銀〉137頁）。

日本では日銀、金融庁、財務省がそれぞれの役割を通じ、金融システムの安定に努めるのです。このような枠組みは世界的金融危機でも有効に機能しています（〈日銀〉137頁）。決済機能の担い手の金融機関の業務をリスクなく円滑にすすめるよう、海外の中央銀行や銀行監督当局とも、密に連絡を取り合います。

その心4▼以前は物価安定の目標は一般的でなかった

いずれにしろ中央銀行の金融政策の主な目的は物価の安定にあります。これは現在では当然のこととされていますが、実は20年くらい前はそうではなかったのです。旧日銀法（1998年4月に改正）では、金融政策の目的に関する具体的規定はありません。ずっと以前の1882年に成立の日銀条例にも、日銀の目的に関する規定は置かれていないそうです。

外国でも同じです。イングランド銀行法（1946年成立）でも、「大蔵省が公共の利益に照らして必要と考えることをイングランド銀行に指示できる」と規定されているだけです。物価の安定が金融政策の目的として中央銀行法に盛り込まれたのは意外に新しいことなのです。

そのような中、物価安定を最初から強調している中央銀行がありました。1957年設立のドイツのブンデスバンク（ドイツ連銀）です。「通貨価値の安定」という表現を用い、金融政策の目的として物価安定を強く規定しています。ブンデスバンクは先進国では例外的に、一貫して物価安定重視の姿勢で金融政策を運営してきたそうです（〈白川〉29頁）。

ブンデスバンクがこのような特徴を打ち出す歴史的背景については、本章7 - Bで改めて説明します。

3　日本銀行の通貨の特色——信用リスクがないわけ

Q1
日本銀行と一般の銀行との大きな違いは何ですか?

A
発券銀行、銀行の銀行、政府の銀行の機能を持つのは中央銀行だけです。この3つの機能を備える日本銀行の業務内容は、主に4点にまとめることができます。

その心▼①現金の供給と決済サービスの提供　②金融政策の運営　③金融システムの安定性確保　④国の事務取扱い

ではその業務を一つ一つまとめておきます。第一は決済サービスの提供です。一般の銀行は預金を受け入れる一方で貸出を行ないます。わかりやすくいえば、お金が余っている人に預金サービスを提供し、お金が不足している人に貸し付けるのです。

このような資金過不足の関係は銀行と顧客の間ばかりでなく、銀行同士の間でも生じます。この銀行同士の資金過不足を調整するのが中央銀行です。銀行間の資金の過不足を調整するため中央銀行は一般の銀行から預金を受け入れます（中央銀行当座預金）。この当座預金の振替で銀行間の決済の場を提供するのです。

また銀行間同士で資金過不足の調整がつかない場合は、中央銀行は不足する銀行に貸出します。これが日銀の「銀行の銀行」の役割になります。

銀行など民間の金融機関から預金を預かり、金融機関に貸出します。中央銀行当座預金は大口取引や金融市場取引の決済に利用されます。主に民間銀行間の資金決済に利用されます。

一般の銀行が個人や企業に対して預金・貸出業務を行なう一方、日銀はこの業務を銀行間レベルで行なうのです。個人、企業でなく、銀行のために預金、貸出しを行なうのが日銀なのです（〈日銀〉5頁）。したがって、民間の資金決済システムの最終的な債権・債務の決済も、日本銀行当座預金の振替で行なわれます。

日銀が決済サービスを提供するのは、銀行間など大口の決済向けです。これに対し、一般の銀行は個人、企業など小口の決済サービスを提供するわけです。もちろん日本銀行最大のお客の国に対しては国庫管理の仕事をします。これが日銀の「政府の銀行」の役割です。巨額の国庫金の管理を独占し、国債の発行、利払い、償還の事務も一手に引き受けて管理する。まさにこれこそ「政府の銀行」そのものです。

日銀が以上のような「銀行の銀行」の機能を担えるのは、発券銀行としての独占的地位があるからです。

Q2
発券銀行であれば、なぜ銀行の銀行の機能を担えるのですか?

A
日銀が発行する中央銀行通貨に絶対の信用があるからです。この信用リスクのない通貨が絶対的なお金として社会に通用し、このお金で銀行間の支払決済が行なわれることにより、金融システムの安定が保たれるのです。

Q3
では、なぜ日本銀行が発行する中央銀行通貨には信用リスクがないのでしょう? そもそも通貨における信用リスクとは何ですか?

A
面白い質問です。実は中央銀行通貨には信用リスクがない理由をわかりやすく書いている本はありません。

その心▼日銀券は誰もが受け取りを拒否しない通貨だから信用リスクがない!! ではなぜ誰もが受け取るの!?

白川博士は、発券銀行という機能に関し、「中央銀行の最も根源的な機能は、中央銀行通貨という、信用リスクのない通貨を発行すること」（〈白川〉17頁）と説明しています。ここで素朴な疑問がわきます。中央銀行通貨にはなぜ信用リスクがないのかという点です。

誰もが受け取りを拒否しない通貨が中央銀行通貨です。この通貨を受け取り支払決済すればそれで支払決済が完了する。この意味で信用リスクのない通貨ということになります。

だから中央銀行通貨だけが無条件に支払い手段として世の中で通用するのでしょう。日銀の説明によれば、中央銀行通貨には、安全性、流動性、支払完了性（ファイナリティ）の性質があるそうです（〈日銀〉6頁）。

この「支払完了性」（ファイナリティ）とは何を意味するのでしょう？　中央銀行通貨で支払えば支払完了、だから債務不履行なし、だから信用リスクのない通貨が中央銀行通貨だということになります。

「支払完了性」とは、日銀券などの中央銀行通貨を支払先の相手が受け取った時点で当事者間の決済が最終的に完了することを意味します。なぜでしょう。日銀券は「一般受容性」があるからです。平たくいえば、支払手段として誰にも受け取られるということです。

もっといえば、この通貨で支払いを受ける側は受け取りを拒絶できないのです。強制通用力が法律によって付与されているからです（日銀法第四十六条）。強制通用力のある通貨を「法貨」と呼びますが、日銀券などの中央銀行通貨は「法貨」とされているのです。法貨での支払を拒否することは、法に逆らうことになります。

国が支払をする場合、中央銀行通貨で支払いますが、これは受け取り側に強制的に受け取らせるという意味をもちます。逆にいうと、国民が税金などをこの銀行券で支払うと国も拒否できません。国自体が日銀券には強制通用力があると法で決めているからです。

何か禅問答をしている気分になってしまいます。しかし日銀の説明はそうなっているのです。いずれにしろ、日銀が発行する中央銀行通貨による支払や給料の受け取りを拒否する人はいないでしょう。何としてでも手に入れたくなる絶対的支払手段です。

特に金融危機の際、多くの金融機関が支払不能連鎖にはまりかけた時、あるいは銀行取り付けの時、叫び求められるのは、中央銀行通貨です。

実際の中央銀行通貨とは日本銀行券と日銀当座預金ですが、この中央銀行通貨は債務不履行のない安全な通貨となっています。これが日々の決済に重要な役割を担います。購買者や債務者が、中央銀行通貨で売り手や債権者に支払えば支払は終了するのです。

それを再度、確認しましょう。日銀は発券銀行です。そして日本で唯一の発券銀行です。銀行券を独占的に供給しています。この日銀発行の銀行券などの中央銀行通貨は「法貨として無制限に通用する」（日銀法第四十六条第2項）のです。これが「支払完了性」（ファイナリティ）の内容です。

Q4 バランスシート上、日本銀行券は日本銀行の負債側にあります。とすれば、日銀券は債務証書なる借金の証文にすぎないはずです。なぜこんなものが法貨や絶対的支払い手段として通用するのですか?

A 実はかつて中央銀行券は、一覧払いの債務証書として実質性があったのです。中央銀行に支払い請求すれば、その場で現金が支払われる約束手形でした。金本位制の時代のことです。

その心▼金本位制では、中央銀行券には金や銀などの正価準備の裏付けがあった

もともと中央銀行券は一覧払いの債務証書でした。一覧払いというのは、銀行券所有者が中央銀行に金や銀と交換を請求すれば、その場で金や銀という現金に交換されるということです(兌換銀行券という)。中央銀行は無利子の一覧払いの負債という銀行券を発行し、その見合いに利子などの付いた金融資産を購入し、利益を得るのですが、この一覧払いの有効性を保証するのが兌換制度です。

金本位制の場合、中央銀行が発行する中央銀行券は支払要求次第、金に交換されます。銀行券を提示すれば金交換に応じるのです(金兌換と呼ぶ)。銀行券が一覧払いの信用貨幣といわれる理由です。

たとえば金本位制の時代、中央銀行のイングランド銀行券を保有する人は英国居住者であろうと非居住者であろうと、この銀行券をイングランド銀行に提示すればいつでも金貨に交換できるのです。また金をイングランド銀行に持ち込めばいつでもイングランド銀行券に交換できます。

このように金本位制では、中央銀行券の価値は金で固定されます。金貨は広くに利用され、中央銀行券は要求され次第、金に兌換されていました。金本位制をとる各国は金の自由な輸出入を認めており、そのため各国通貨は金ではかった価値を固定維持していました(固定相場制度)〈米倉2008〉32-36頁)。

しかし金本位制から管理通貨制度に移行すると、銀行券の兌換はなくなります。にもかかわらず、中央銀行券は法貨のままです。法貨であるということは、その通貨は無制限に支払い手段として受け取らなくてはならないということです。だから銀行券を金に兌換しなくても銀行券で支払を行なえるということです。法貨ですから、そのような強制力を決めるのは国家です。

したがって中央銀行通貨の「支払完了性」(ファイナリティ)は、金本位制の時代から現在の管理通貨制の時代になると、内実が変わったことになります。

金本位制の時代には金が貨幣であり商品でした。金兌換性が信頼されいつでも自由に兌換できるので、一覧払いという債務証書という中央銀行券は、信用貨幣として金貨幣と同様に通用する。だから「支払完了性」では金と同じ扱いになっていたのです。商品の売り手はこの銀行券など中央銀行通貨を受け取れば支払を受けたことになる。わざわざ重たい金貨に兌換する手間をかけたくないのです。これで買い手は支払を済ませたことになります。だからこの銀行券が受け取られる限り、支払い手段として無限に通用するのです。法貨とはそういうものなのです。この法貨での支払を拒否することは一種の国家反逆罪になります。

しかも、中央銀行券は金兌換がなくても立派に社会で通用していたのです。その例を挙げておきましょう。ナポレオン戦争時代、イギリスでは金兌換が停止されていました。１７９７年の支払制限法で20年間、イングランド銀行の銀行券は金兌換を停止されていました。しかし、イギリス国民は何の不満を感じず、金兌換停止されたイングランド銀行券を使用していました。また、金本位が停止されていた時のアメリカのグリーンバックも、流通性に問題はなく、第一次世界大戦中の金本位停止にあったイギリスでも、金貨でない紙幣（しかも政府紙幣）が信認されて流通していました。

かの『ロンバード街』を著したバジョットは、イングランド銀行は支払制限法の期間、正金で支払う必要がなく、その欲するだけのものを貸し付けることが出来、いわば不死の生命をもっていると形容しています〈Bagehot〉［訳］116頁）。

通貨の信認を支えるのは中央銀行の金準備の多寡でなく、その国の国民経済力によるものであることを示す、有力な一例です（〈米倉2006〉117頁）。

銀行にとっての設備投資は信用なのです。そして現在の中央銀行通貨は兌換性はなく、金や銀とは交換できません。にもかかわらず、中央銀行が無利子で発行する債務証書がお金として通用します。昔とちがって金や銀などの正価準備の裏付けがなくても、無利子負債として発行される管理通貨は社会で支払手段として平気で流通しています〈〈日銀〉5頁〉。

ではこの管理通貨の発行を中央銀行に認めているのは誰でしょう。もちろん国家です。日銀は無利子の負債（銀行券などの中央銀行通貨）を背負いながら、その見合いに有利子の金融資産を取得します。日銀は正貨準備の裏付けもないまま、しかも無利子で一覧払いの負債を発行して利益を出しているのです（これを発行権益と呼ぶ）。もちろんこの発行は日本銀行が独占しています。

Q5

正貨準備もない中央銀行通貨は過剰発行され、ハイパーインフレが起きてしまいませんか？

A

その考えは間違っています。中央銀行通貨が発行される場合の原則があります。中央銀行通貨の発行（無利子の債務証書）によって取得した資産が満期に利子を付けてきちんと返済されれば中央銀行は利益を出せます。安全な人に貸し、それから利子を得ておけば良い。つまり何の準備もなく利益を得る。中央銀行は究極の錬金術師なのです。

その心1▼中央銀行通貨発行は銀行原理による

銀行は借り手に対し、要求払い預金を自分の口座へ記帳します。借り手はこの預金を引き当てにした支払い指図（小切手や口座振替）を使い支払決済を行ないます。小切手の発行や口座振替指図によってこの預金が振り替えられ、支払い先の口座に振り込まれるのです。

銀行から貸付を受けた借り手は、貸付資金をもとに新たに商品、サービスを創出し、最初に受けた貸し付け額よりも多い販売代金を確保する。その売却した代金を貸出を受けた銀行におく。これで銀行からの貸出は返済されたことになります。

中央銀行による「銀行の銀行」の機能も同じです。中央銀行の発行する銀行券は一覧払いの債務証書ですが、金本位制の時代のように金支払債務のあるなしにかかわらず、銀行と企業の貸付・返済という信用関係を通じて社会的生産を相互に連結します。そして社会的生産関係が拡大成長を遂げていくかぎりにおいて、銀行券という信用貨幣も一般的なお金として機能するわけです。

この信用関係において発行される銀行券は、貸付・返済の過程、裏をかえせば円滑な商品の売買取引を繰り返しながら、将来の資金形成を媒介していくのです。日本の高度成長もこの脈絡で積極的な銀行信用が展開されたのです。

高度成長期の日本では、中央銀行信用を利用しながら、財、サービスの拡大生産が行なわれ、ＧＤＰも成長しました。特に輸出の振興で利益が生じていました。これが順調に進行するかぎり、すなわち、ＧＤＰの成長率が安定しているかぎり、日本における将来の資金形成も円滑に進みます。以上が銀行信用の原理です。

その心2▼銀行は返済支払確実な人にしか貸し出さない

銀行は貸付の対価として保有する債権の利子・元本が期限にきちんと返済されれば、銀行は利子を利益として保有します。中央銀行も中央銀行通貨発行の対価に保有している債権がきちんと返済され、債権に対する利子も得られるかぎり、大丈夫なのです。このかぎり銀行券の過剰発行になりません。銀行の経営が健全であるためには、銀行の保有する資産が負債と常に見合うようになっていることです。

この一般的購買力として用いられるのが中央銀行通貨です。中央銀行は金融資産を購入したり、貸出したりして、債権を取得する時、対価に自己宛債務を創出して中央銀行通貨を供給します。この場合、中央銀行の通貨創出には確固とした原則があります。銀行は誰にでも貸し出すわけではありません。きちんと返済できる事業を行なう企業に対して貸出します。したがって、銀行の貸出行動は基本的には、一国の財、サービスの生産の総額にマッチするのです。

その点の流れについて、金融経済の泰斗セイヤースの説明を挙げておきます。

「銀行はこのあらたに創造された貨幣をただちにだれにでも渡すのではなく、銀行が魅力的と考える種類の資産を提供できるような人々の手に渡すのである……銀行の活動は、何らかの方法で、一国の財およびサービスの生産の総量と構成との双方に合致していなければならな

い」（〈Sayers〉p.19,［訳］20頁）

「銀行は人々が提供する資産と交換に銀行負債を受け取るかぎり、ますます多くの資産を手に入れ、預金を創造できるということである」（〈Sayers〉p.30,［訳］31頁）

この信用関係において発行される銀行券は、貸付・返済の過程、裏をかえせば円滑な商品の売買取引を繰り返しながら、将来の資金形成を媒介していくのです。

以上、ややこみいった説明になってしまいましたが、銀行券、あるいは信用貨幣の特徴をあげておきました。ここに軍票などの政府紙幣と大きなちがいがあります。政府紙幣は財政支出をまかなうために発行され、直接に財・サービスの購入のために投じられます。返済の確実な債権の見返りなしに発行されます。一方、銀行券、あるいは信用貨幣は社会的商品取引を促進するための金融取引から発行される、また将来返済の確実な見返りの債権があります。これが二つの通貨の大きなちがいです。軍票と銀行券は発行のルートが異なるのです。

Q6 米国は経常収支の赤字を埋め合わせるためにドルを過剰に発行しているという解説が出回っていました。米国は銀行券発行の銀行原理を無視して中央銀行通貨を発行するのですか?

A 対外赤字のファイナンスのために平気でドルを任意に発行できる——それが基軸通貨の法外な特権だというのは、大間違いです。

その心▼基軸通貨ドル特権論は、銀行券と政府紙幣を混同

すでに示したとおり、中央銀行通貨はそのような形で発行されているのではありません。基軸通貨ドル特権論は、銀行券と政府紙幣を混同した議論です。米国は「西郷札」や「アッシニア紙幣」のように、グリーンバックを乱発しているわけではありません。米国政府は世界のいたるところでドル札を偽造する犯罪行為に立ち向かっています。米国が自国の経常赤字を埋めるためにドル札を過剰印刷してしまえば、それこそ国際的信認を一挙に失います。グリーンバックを飾るワシントンの顔に泥をぬるわけにいきません。

銀行は無準備の預金を貸付けて信用創造機能を担い、金融仲介機能も果たす。信用通貨は銀行の貸付によって供給される無利子の「自己宛て債務」です。しかしこの発行は銀行原理にしばられています。

信用機構を通じる場合、貨幣は実体経済側の資金需要に応じて受動的に供給されるのです。これはいずれの国も同じです。米国の中央銀行も無制限の資金需要に応じるわけがない。あくまで市場の財・サービスの取引に伴う市中の資金需要に対応して貨幣を供給するのです。

もしそうでないなら、リーマン・ショックなどは起きません。Ｆｅｄは基軸通貨の特権とやらを利用してドルをどんどん印刷すればよいでしょう。もちろん、Ｆｅｄはそんな馬鹿なことはしませんでした。逆にいうと、信用貨幣の発行は銀行原理にしばられるので、世界的な金融危機も起きてしまうのです。

4　日銀の通貨発行権の独占は国家の利害と一致

Q1　日銀が銀行券を独占発行できるのは誰のおかげ？

A　日銀の利益で最大の源は国債利息です。日銀は無利子の借金証書という通貨発行の独占権を与えられています。この通貨を発行して国債を買い、その利息を主な収益源にしているのです。

その心▼国庫納付金とバーターになっている通貨発行権の独占

だから国家も日銀に通貨の独占発行権を与えるかわり、その発行権益を国庫納付金として国庫に納めさせているのです。日本銀行の利益の大本は通貨発行益（銀行券の発行と引換えに保有する金融資産から生じる利子収入等）です。国が日本銀行に銀行券の発行権を独占的に与えたから発生する利益です。したがってその利益は内部留保の充実や出資者への配当に充当する以外は、国民の財産として基本的に国庫に納付されます（日銀法第五十三条）。

これを国庫納付金といいます。主要海外中央銀行においても、ほぼ同様の制度が設けられていま す。この国庫納付金は、当該事業年度における国の一般会計の歳入金となり、最終的には一般会計の歳出を通じて国民に還元される仕組みになっています。

平成22年度損益計算書によると、日銀の経常利益約7740億円のうち、国債利息は6225億円です。日銀の経常利益の大半は債券オペを通じて日本銀行が保有する国債などから生まれる利益（利息や売買益）なのです。日銀にとっては、政府が最大のお客さんということになります。政府の銀行と呼ばれるゆえんです。

Q2 日銀の株主は誰？

A 日銀の主な出資者は国です。日銀株はジャスダックに上場しています。ただ日銀は自身のことを株式会社ではないと説明しています。

その心▼日銀の最大の株主は国

日銀の最大の株主は国なのです。しかし、日銀によれば、日本銀行は日本銀行法によりそのあり方が定められている認可法人であり、政府機関や株式会社ではないそうです。

この説明の是非はさておき、日銀の「資本金」に関する規定を読めば、国が出資額の過半以上を占めていることがわかります。日銀の出資金は、「政府及び政府以外の者からの出資による一億円とし、出資一口の金額は、百円とする」となっています。政府からの出資の分は出資金1億円の半分以上になることとされています（第十条）。

日銀側は自身のことを政府機関ではないとしています。しかし、Ｆｅｄ議長バーナンキによる中央銀行の定義によれば、中央銀行は政府機関だそうです。「今日すべての中央銀行は政府機関であります」（〈バーナンキ〉11頁）。

たとえば、中央銀行の老舗とされるイングランド銀行は当初民間機関でしたが、次第に貨幣の発行や最後の貸し手といった銀行の機能を備え、やがて、これら「中央銀行は本質的に政府機関になりました」（〈バーナンキ〉11頁）というのです。

日銀側は自身を「政府機関」ではないと書いていますが、「日銀の解散」に関する事項をみれば、バーナンキの解釈のほうが妥当のようです。日銀が解散した場合、日銀の財産は国のものになると書かれています。すなわち、「日本銀行が解散した場合において、その残余財産の額が払込資本金額を超えるときは、その超える部分の額に相当する残余財産は、国庫に帰属する」（日銀法第六十条第2項）となっています。この条文によるかぎり、日銀は明らかに国のものでしょう。

もちろん、だからといって中央銀行の独立性が否定されるわけではありません。Fedの場合、大統領から独立して機能する機関です。大統領は法律上の理由なくしてFed議長を罷免したり、理事会に命令する権限はありません。Fedは連邦政府議会の下院議長に対し、年に1回政策運営に関して報告義務があります。連邦議会へ責任を負うのです。責任を負うべき先は、議会に対してであり、行政府に対してではないのです。

別の言い方をすれば、Fedという連邦準備制度は政府行政部門の内部にあって、しかし大統領から独立して業務する機関の1つなのです。

とはいえ、Fedは自身の権限行使に際し、財務長官の権限に抵触する場合は、その権限は財務長官の統制のもとに置かれているのです。

ここで中央銀行が政府機関であるか否か、白川博士にも判定してもらいます（前総裁は2008年の著書の時代は京都大学教授)。博士はＦｅｄの性格に関し、最高意思決定機関は連邦準備制度理事会(ワシントン)にあり、この理事会は「連邦政府の一機関」であると書いています。これが12の連邦準備銀行の業務に関し、広範な監督権限があります(〈白川〉29頁)。

日銀が政府機関であることも、日銀券の縁《えにし》をたどっていけばさらにハッキリします。なにせ中央銀行券は信用リスクがなく、絶対に受け取りを拒否できない通貨ですから。その独占発行権を日本銀行だけに与えているのは国家であり、その発行権益を国庫納付金として日銀に納めさせ、日銀が発行する通貨を法貨としているのも国家です。ここからも日銀は政府機関の一つであることが確認できます。

もともと中央銀行は政府資金調達機関として誕生した履歴があります。その典型はイングランド銀行です。１６９４年に民間銀行の出資で設立された銀行です。政府への貸付を目的としたのです。しかし、１８２５年の恐慌がきっかけとなり、他の銀行が支払準備をイングランド銀行へ預けるようになる。これでイングランド銀行を中心とする決済システムが確立しました。１８４４年の銀行条例により、イングランド銀行券は強制通用力を持つ法貨としての地位を確立します。同行に通貨の発行と決済機能が集中しました(〈日銀〉3頁)。だから中央銀行なのです(日本銀行の設立は１８８２年、Ｆｅｄは１９１３年、ＥＣＢは１９９８年)。

5　日本銀行法条文からみた日本銀行の独立性

Q1

日本銀行の独立性は1998年日銀法で確立されたという解説があります。本書の説明と違うような印象がありますが、どうなのでしょう？

A

日銀の政府に対する独立性は真空の世界のモノではない。政府の経済政策という幹から出た枝の一つにすぎません。

その心1▼日銀法　第三条と第四条の力関係

1998年に新たな日銀法が施行され、日銀の独立性は確保されたといいます。その論拠になっているのが、日銀法第三条です。この第三条で、日本銀行の自主性の尊重及び透明性が確保されていることになっています（図10）。

しかしこの第三条は、政府との関係を示している第四条と併せて読んで理解するべきものです。第三条だけを読むのと、第三条と第四条を併せて読む時の独立性の印象は、微妙に違ってきます。そこでその第四条を第三条と併せてみてみましょう。次のとおりです。

図10　日本銀行の独立性・自主性をうたう条文（第三条）と政府の経済政策との整合性をうたう条文（第四条）

日銀の自主性・独立性を明記した条文

第三条　日本銀行の通貨及び金融の調整における自主性は、尊重されなければならない。

> 下線部分は、日銀の自主性は政府との整合性の枠内にあることを明示

日銀の対政府経済政策との整合性を明記した条文

第四条　日本銀行は、その行う通貨及び金融の調節が経済政策の一環をなすものであることを踏まえ、それが政府の経済政策の基本方針と整合的なものとなるよう、常に政府と連絡を密にし、十分な意思疎通を図らなければならない。

第四条　日本銀行は、その行う通貨及び金融の調節が経済政策の一環をなすものであることを踏まえ、それが政府の経済政策の基本方針と整合的なものとなるよう、常に政府と連絡を密にし、十分な意思疎通を図らなければならない。

その心2▼新日銀法が施行されたときの総裁による日銀の独立性の解釈

読者の中には気づいた方もおられるでしょう。日銀の独立性にはかなりの留保が付いている点が。もちろん議論が大きく分かれるところです。そこで日本銀行側がどのようにみているのか確認しておきましょう。

この新日銀法施行の時に総裁であった速水優は、この第三条と第四条の関係を次のように解説しています。

速水によれば、第三条が新日銀法に新しく加わったものです。しかし第三条の内容は、海外の中央銀行ならどこにでもあるものだそうです。「自主性の尊重」については、中央銀行が債権者、債務者との関係などをフェアに考えて、「自分で判断して決めることが明記された」（〈速水〉88頁）そうです。

次に、政府との関係を示している第四条に関する速水の理解をみてみましょう。実は当時の速水総裁もハムレット的境地にはまっています。すなわち、日銀と政府の経済政策は「整合的」であるべきとしている文言に関し、「その判断は非常にむずかしい」と吐露しているのです。

純粋であるはずの独立性は、政府の経済政策の「整合性」とブレンドすると、別のカクテル味になる可能性があるからでしょう。

しかし、速水は決断します。日銀は「よく政府と連絡を取ることは当然のこと」である。しかし、その場合、「第三条で通貨および金融の調節は日本銀行が自主的にやるものだということをはっきり書いてくれているのだから、政策の決定は日本銀行が自主的にやるべきものと理解している」（〈速水〉89頁）と言い切っています。

しかし、これは日銀サイドに引き寄せられた解釈でしょう。日銀法第四条をもっと素直に読みましょう。そこでは日銀の金融政策はあくまでも政府の経済政策の枠の中で実行されることが明言されています。日銀法第四条をちゃんと読めば、経済政策の一環として日銀の行なう金融政策があることがハッキリ伝わります。

念のために、当該箇所を再度、引用しておきます（傍線部分に注意）。

第四条　日本銀行は、その行う通貨及び金融の調節が経済政策の一環をなすものであることを踏まえ、それが政府の経済政策の基本方針と整合的なものとなるよう、常に政府と連絡を密にし、十分な意思疎通を図らなければならない。

さてさて、本来、日本銀行は政府の一機関です。日銀が担当する金融政策は、政府の経済政策全般の中の一つの柱にすぎません（図11）。日銀の独立性あるいは自主性とは、政府の政策の一環、あるいは政府の経済政策との整合性やつながりがあるかぎりでの独立性、自主性なのです。

もちろん、政府は中央銀行の金融政策における専門性に対し、きちんと信頼するようにしなければなりません。実際、政府もそのような専門性を備えた人を日銀のトップとして選出するのです。総裁や政策委員会のメンバー（日銀の最高意思決定機関）は、政府と意見が異なるという理由からは解任されません（同第二十五条）。

これとは逆に、政府が日銀に一方的に指示するような関係になると、金融市場の反応は悪くなります。市場の動向に逆らって政府が国債の直接引受を日銀に要求するようなことがあってはならないのです。そのようなことになれば金融市場が不安におちいり、それはひいては国債の信頼性の低下につながる。国債が信頼を失うとたいへんです。国債は金融政策上の主要手段となっています。

図11　政府の経済政策（特に財政金融政策）と日本銀行の金融政策が整合性を持つ体制の階層

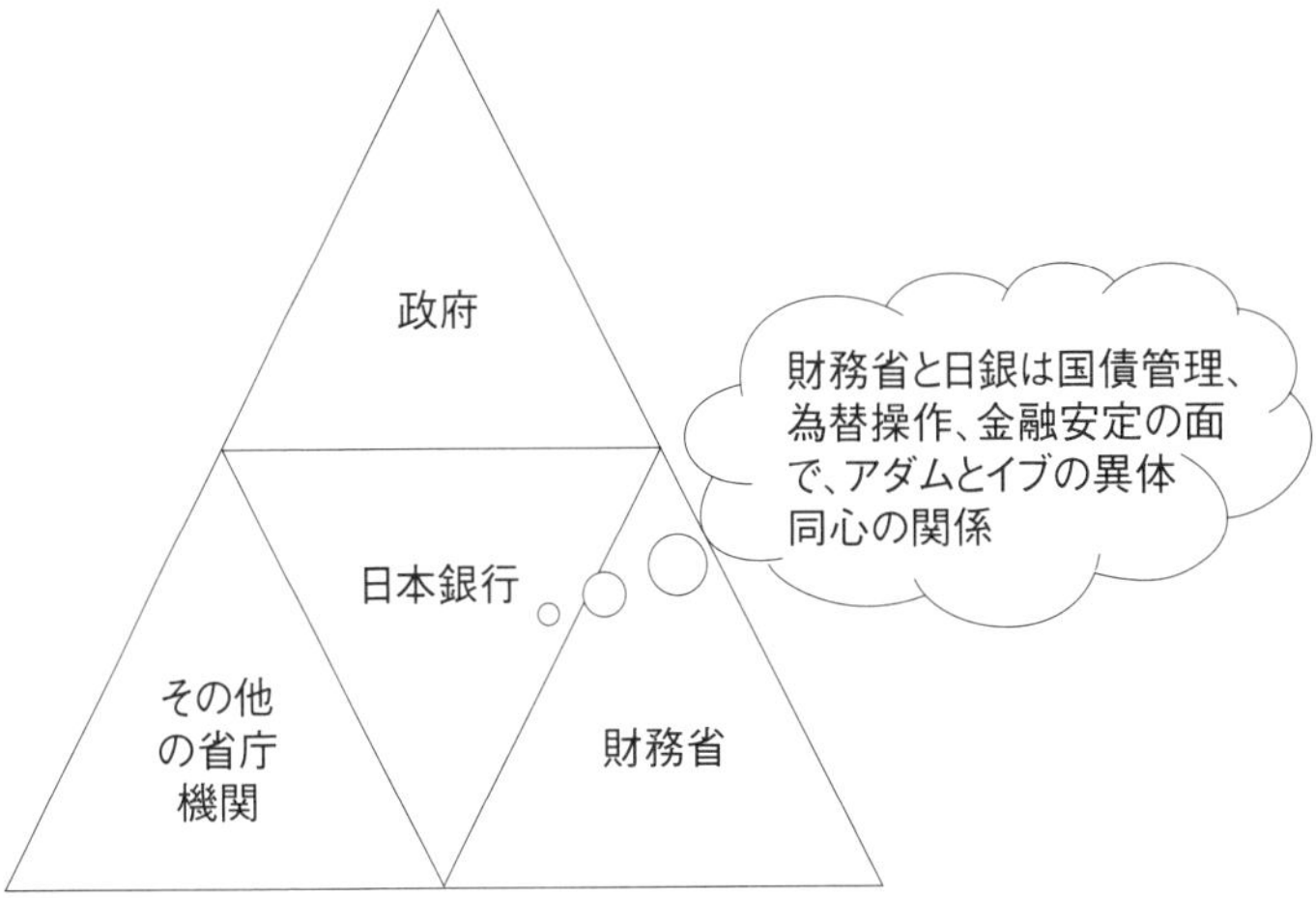

また民間の金融機関にとっても便利な資金調達手段なのです。だからこの国債の信頼が低下すると金融市場は大混乱します。最近の欧州債務危機（ソブリン危機）が良い例でしょう。

　以上のとおり、日銀の独立性は政府の経済政策との整合性がとれているかぎりの独立性、自主性にすぎません。このような筆者の考えは独断であると思う人もいるかも知れません。しかし他の国の中央銀行の独立性のあり方を確認すれば、筆者のような考えは自然に出てくるはずです。

　たとえば、イングランド銀行をみてみましょう。白川博士の解説によります。イングランド銀行は物価安定の維持が目的とされ、その範囲において成長と雇用の目的を含む政府の経済政策を支えることである、となっています（〈白川〉30-31頁）。必ずしも物価安定を自己目的としておらず、また政府からの完全独立を明示しているわけでありません。政府の経済政策あっての独立性なのです。

また日本銀行の有力者だった人も、中央銀行の独立性を自己目的としてはいけないという見方を出しています。その例を出してくれているのも白川博士です。博士は、吉野俊彦の『日本銀行』（1963年）を、金融政策の目的に関する教科書の一例として引いています。そこを注意深く読むと、面白いことが書かれていることに気がつきます。

これから引用する箇所の傍点部分の前段に注意して読んでみてください。やや古典的な文章ですが、意図は伝わりやすいはずです（傍点は引用者）。

「このように通貨価値の安定は中央銀行の直接の目標であるが、通貨価値の安定さえ達成されれば万事終われりというわけのものではない。通貨価値の安定という条件の許す限りにおいて、経済が高度に成長ししかも増加する国民総生産が可及的に公平に国民生活をうるおすものにならなければならない。経済の成長のためには、先立つものは資本としての通貨であろうが、妥当な経営を行う企業が必要とする資本の不足を公平に補い得るようなメカニズムの形成を、中央銀行は間接にもせよバックアップしなければならない。中央銀行の通貨価値の安定と並ぶ金融の円滑化の意味は、具体的にはこのようなものである。要するに安定は自己目的ではない」（〈吉野1963〉147頁）。

再度、引用の傍点部分の前段を読んでみてください。そこでは「通貨価値の安定」すなわち物価の安定は、「金融の円滑化」を支持しなければならないとハッキリ書かれています。日本の現在の状況に置きかえて言えば、資金が回りにくくなっている状況を日銀は打破する責務があるということでしょう。物価安定に自己満足していてはならないと主張しているのです。デフレが長引く日本の場合、物価安定の達成で満足しているのは中央銀行としては不十分であるという主張に翻訳できます。お金が民間にどんどん回るようにしなければならないというのでしょう。これが「金融の円滑化」であり、「通貨価値の安定」すなわち物価の安定とともに、日銀の大きな責務である。吉野はこのように説いていると筆者は判断しています。

ここでやや脱線します。この吉野俊彦は、深い洞察力の持ち主であることを紹介しておきます。日本銀行の独立性確保を非常に望んだ人です（元日銀理事）。中央銀行の独立性の象徴であり、健全通貨の守護神とみなされた初代西ドイツ連銀総裁フォッケの理念を広めるのに熱心だった人であり、事物の見方の鋭さでも定評のある人です。

その一例を示しておきます。吉野は永井荷風の研究でも有名です。その荷風の特異なクセを大発見したのです（〈吉野1999〉190-191頁）。荷風の『断腸亭日乗』の記事の冒頭に●印が付いている日の特徴をつかみ取っています。そこに頻出する●のエニグマを読み取ります。●とは女性と交わった回数を示す暗号を解読したのです。吉野は●が2回もある日の記述もみのがしません。文豪の性豪ぶりを読み取る、まさに眼光紙背を射る精神の持ち主です。微に入り細を穿ち人間の行動を観察する。その洒脱さがあればこそ、日本銀行の独立性の本質にも迫れるのです。

さて本論にもどります。このように日本銀行の独立性は、日銀が単に物価安定に努めるだけでなく、景気にも配慮がなされて始めて実質を備えることができるのです。前総裁と新総裁もその点、○、●ハッキリとさせておくことが求められるわけです。

Q2 新たな日銀法と旧日銀法の大きな違いはなんですか？

A おどろくなかれ、旧日銀法はナチスの中央銀行法そっくりなのです。それが1998年まで続きました。しかも出資金、国庫納付金の関係における日銀と国家の関係は、新日銀法でも基本的に同じままなのです。

その心1▼旧日銀法はまさにナチス下の中央銀行法そのもの

まず旧日銀法の中身を抜粋しておきます。戦時色が強いことが一読でわかります。

第一条「日本銀行は国家経済総力の適切なる発揮を図るため、国家の政策に即し、通貨の調整、金融及び信用統制の保持育成に任ずるをもって目的とする法人である」

第二条「日本銀行は専ら国家目的の達成を使命として運営せられるべきであり、また法令の定むるところにより通貨及び金融に関する国の事務を取扱うものとす」(〈速水〉78-79頁より抜粋引用)。

旧日銀法の場合、日銀は大蔵大臣による監督・命令に従うことが明確に規定されています。その第二条では、「専ら国家目的の達成を使命として運営せらるべき」となっています。これも当然です。旧日銀法は戦争中の1942年、国家総動員体制の一環として施行されたからです。

しかもそれは、ナチスの中央銀行法とそっくりさんです。国家目的の強調、総統=政府の一般的監督指令権、総統=政府による重役の無条件任命罷免権、社外重役の排除、重役会における総裁の統裁権、著しく弾力的な発券制度の採用、財政に対する信用供与限度の事実上の撤廃などが、その例です(〈フォッケ〉212頁、吉野の解題)。

ナチスの場合、39年6月には中央銀行法の改正で、中央銀行を政府に従属させます。ヒトラーの欲するだけの信用を政府に与えることができるようになったのです。同年1月にナチスの信用膨張政策の危険性を説いたライヒスバンク総裁、理事などを追放した後のことです。国家の無制限主権に服従させる中央銀行とした。信用創造による政府貸上の障害はなくなる。だからナチスのもとドイツは再び激しいインフレを体験させられるのです〈《吉野1999》212頁，〈戸原〉190頁〉。

1942年の日本銀行法も、基本的にナチスのそれと変わりません。蔵相は日銀管理官を置く。日銀の業務を監視します（旧法四十五条）。日銀管理官はいつでも日銀の業務、財産を検査できます（旧法四十六条）。管理官はいつでも日銀に命じ、業務、財産を報告させることができるのです（旧法四十六条）。

その心2▼戦前の性格を引き継いだままだった旧日銀法

1998年の日銀法は戦時中制定された旧日銀法を抜本改正したとされています。すでにみたとおり、旧法では政府の日銀への関与権限が強くなっていました。総裁解任権や業務命令権もあったのです。そして日銀は大蔵省や政治家に振り回されて、80年代以降のバブルを招いたという批判もありました。そのようなこともあり、新日銀法では総裁等の解任権は廃止されます。

しかし現行法でも日銀総裁は政府が国会の同意を得て任命するのです。政府代表が日銀政策決定会合に出席できるし、議決延期の要求権もあります。この意味で政府の一定の関与があります。

いずれにしろ、このような前時代的な法律のまま日銀は戦後50年間以上、1998年3月まで運営されていたわけです。もちろんその間、一部には重要な変更がありました。しかしそれは連合軍総司令部の指示による改正です。日本銀行の基本的政策は、政策運営委員会が決定する。この委員会は大蔵省を代表する者、経済企画庁（現在の内閣府）を含む、合計7名で構成され、大蔵省、経企庁の委員は議決権がないというものです。政策委員会が公定歩合を決定することにより、従来の政府の認可は廃止されました。

それでも実質的な機能から見ると、戦前の体制と基本は変わりないというのが、新日銀法が施行された時の総裁の速水の理解です。これに対し、1998年4月施行の新日銀法では、自主性の尊重と透明性の確保が明記されたというのです（速水はその12日前の3月20日に総裁就任）〈速水 '2005〉9頁〉。

Q3

日銀の独立性は額面どおりにはいかないとなると、日銀の独立性・自主性はどういうことになるのでしょう？

A

金融政策の決定権限が中央銀行に移行したというのが独立性の実質でしょう。中央銀行の決定が政府によって覆されることはないのです。

その心▼中央銀行の決定が政府に覆されることがない

中央銀行である日本銀行金融政策の自主性はここにあります。物価の安定を目的とする金融政策も、以前は多くの国の場合、政府が決定するか、政府が中央銀行の決定に大きな影響を与えていました。しかし現在では、政府から独立した中央銀行が担うことが国際的にも一般化したのです（〈白川〉92頁）。

その理由は、政府の財政支出を賄うために中央銀行が安易に国債を引き受けてしまった結果、通貨が乱発され、深刻なインフレを招いた例があるからです。

そして金融政策は短期的な利害に影響されてはならない。政治的利害に左右されず、中長期的な視点にたって決定する必要がある。だから現在は独立した中央銀行が金融政策を決定するのが一般的になっているわけです（日銀法、第三条第1項、及び第五条第2項）。

先に紹介した吉野は、日銀が政府の圧力に屈せず、独立性を保持した事例に注目しています。日銀の独立性の獲得を希求し続けた人物なのです。日銀は時には政府にノーを突きつけることがあります。吉野はその日銀にエールを送っています。

独立性を示した例とは２００１（平成12）年8月のことです。この時、日銀はゼロ金利政策を一時解除しました。ゼロ金利政策から金融の正常化に戻ろうとするわけです。しかし政府側は景気の動向からみて、それを快く思いません。日銀の政策委員会において、ゼロ金利政策を一時解除したことに対し、政府側の人が議決延期を請求しましたが、同委員会はこれを否決したのです。

政府側は日銀の議決を次回の会議まで延期できるよう求めることができますが、日銀の委員会はその求めを採否できます（日銀法第十九条第３項）。日銀はこれを活用して、政府の圧力をはねのけたわけです。これは当時、政界や官僚には大きな驚きだったはずです（〈速水〉111頁）。

しかし筆者にとっての驚きは別のところにあります。当時の景気の状況からしてゼロ金利解除は時期尚早だったはずだからです。実際、日本はその後もデフレが続きます。


このQ3のしめくくりとして、日銀の独立性の中身を再確認します。

中央銀行はあくまでも政府の一機関にすぎない。だから、「独立」は真空パックの話ではない。日銀の目標を定めているのは政府の法律です。政府が日銀に目標を定めているのです。だから、日銀の目標達成はあくまでも政府の経済政策の枠における手段、手法の実施の独立性にすぎないのです。

日銀が業務を行なう目標は民主国家では政治家が定めるものです。法律を作るのは国です。議会で定める法律で規定されます。

要するに中央銀行の役割は法律で規定されているから、この法律を変えれば中央銀行制度も変えられます。日銀の総裁や委員会のメンバーは、政府や議会が任命し、民主的にコントロールされている。だから後に日銀総裁になった白川博士も説明するとおり、「中央銀行の独立性は絶対的なものではない」（〈白川〉102頁）のです。

Q4

中央銀行の独立性は絶対的なものでないということですが、独立性が強いといわれるドイツの中央銀行（ブンデスバンク）はどうなのでしょう?

A

ドイツ中央銀行の場合の独立性は、政府の経済政策の整合性の範囲内のものです。ドイツ連銀という中央銀行の出資者は政府なのです。

その心▼中央銀行の独立性は真空の世界のものではない

たしかにドイツでは、発券銀行の運営の独立性と自主性が強調されています。通貨安定の責任は専門家の発券銀行幹部に一任される。それがドイツの通貨体制です。

しかし、他方、そのドイツの中央銀行は「その任務の範囲内で」政府の経済政策を支持する義務があります。一般的経済政策、財政政策に中央銀行は忠告、あるいは警告的に発言します。それは首尾一貫した通貨政策の遂行を一般的経済政策が妨げてはならないからです。ドイツ連銀はその任務の範囲内で政府の一般的経済政策を支持する義務がある。他方、同行はその与えられた権限の行使において連邦政府の指図は受けないという関係です（〈フォッケ〉10-11頁）。

ドイツ連銀のそのような位置付けは、ユーロが誕生しドイツ・マルクが消滅した以降も同じです。ドイツの中央銀行が政府から独立しているという場合、連邦政府の全般的経済政策を扶助するという条件を満たすかぎりのことです。その場合、ドイツ連銀は通貨を守るという責務が政府から保証されています（〈Seidel〉p.197）。

Q5
中央銀行の独立性は割り引いて考える必要があるというのであれば、財務省と中央銀行の力関係はどう理解すればよいのでしょう?

A
シティバンクのチーフ・エコノミストでイングランド銀行の政策委員だったビィターは、中央銀行は財務省の下位パートナーであると言い切っています。筆者の考えが突出しているわけでありません。

その心▼中央銀行の金融政策は、主権国家の財政―金融―通貨政策の一部にすぎない

ビィター（Buiter）は、中央銀行の業務の独立性に関し目の醒めるような視点を提示します。「根本的には、独立した中央銀行のようなものはない」というのです。

中央銀行がうまくやるためには、効果的な財政当局に支えられる必要がある。この関係からすれば、中央銀行は必然的に下位のパートナーとなる（〈Buiter2004〉p.1）。

これまで世界で起こった金融危機の後始末をみればわかるとおり、財務省は中央銀行の資産が傷んだ場合、中央銀行のバランスシートに資本を注入します。だから中央銀行の独立という場合、それが何を意味しようとも、中央銀行は財務省にまったく金融的に依存しているのです。

この脈絡からみれば、中央銀行は財務省のオフバランス機関といっても差し支えありません。もちろん、サブプライム金融危機で脚光を浴びたシャドーバンク等のオフバランス機関とは性格が全くちがいますが。

このような見方をとるかぎり、中央銀行は政府の一機関であるということになります。

一見驚くようなビィターなどの見方は、Ｆｅｄにも公式に記されています。たしかに、ＦＲＳ（連邦準備制度）は独立した中央銀行と見られます。その決定は大統領やその他政府機関の承認を必要としないからです。しかし、政府が設定した経済・金融政策の総合的目的の枠内で機能しなければならない。この面で議会の監視におかれます。

したがって、ＦＲＳをより正確に定義するならば、政府の内部において独立している組織ということになる。なぜなら、議会がＦＲＳの構造を企画・立案しており、この点でみれば、ＦＲＳはそれは連邦システムの中央の政府機関であるからです〈FRS〉p.3)。

この点はＦｅｄの収益の源泉をみれば、よりハッキリします。Ｆｅｄの主な利益は政府証券の金利です。Ｆｅｄの公開市場操作から発生するものです。そして収益は費用を差し引き、財務省へ行きます。１９１４年の業務開始以来、純収益の95％が財務省へ支払われています。２００３年の場合、ＦＲＳは財務省へおよそ２２０億ドルを支払っています〈FRS〉p.12）。Ｆｅｄは、無利子で発行される一覧払いの債務証書という中央銀行通貨の独占的発行権を政府から与えられているからです。

以上、政府と中央銀行の序列関係をみれば、政府が中央銀行に資金の便宜をはかれとか、金融緩和をもっとやれなどとせっつく衝動に駆られるのも当然のことでしょう。

6　国家の金策を強要される中央銀行の宿命

Ｑ１
中央銀行には政府との関係でさけられない受難の宿命があるのですか？

Ａ
中央銀行はいつも政府にお金の工面を強要されます。「老婦人」の悲哀です。金融版アダムとイブの世界です。中央銀行は阿修羅のように三面六臂の活躍で乗り切るしかありません。

その心１▼イングランド銀行「老婦人」（Old Lady）の危機

図12のイングランド銀行にあるお土産ハガキをご覧ください。なにやら怪しげな光景です。イングランド銀行が「老婦人」（Old Lady）のニックネームを持つ由来を伝えています。この風刺画は、

図12　中央銀行イングランド銀行に政府が借入を迫る風刺画

時の政府がフランス革命政府との戦争にイングランド銀行の金準備を動員するよう繰り返し求めていることを皮肉っています。いつの時代も中央銀行は政府に資金繰りを強要されるものなのです。

この画では、首相のピットが老婦人なるイングランド銀行の唇を奪おうとしています。老婦人が腰掛けているイングランド銀行の金庫も強奪する勢いです。もちろん老婦人は必死に抗い、絶叫しています。かなりきわどい言葉が発せられています（原図に忠実に訳出）。

この風刺絵のタイトルは、「政治的強奪、すなわち、スレッドニードル・ストリートの老婦人の危機！」です。よく見ると、ピット首相の手はスカートにまで伸びている。1ポンド銀行券で出来ている衣服も危ない。貞操（財政節度）ばかりか、金（中央銀行の金準備）まで奪われてしまう。だから老婦人は必死に抵抗し、叫び続けるわけです。

すでに第1章のQ5でふれたとおり、もともと中央銀行は政府資金調達機関として発足しています。だから中央銀行の本来の機能よりも政府の資金御用達機関として利用されやすいのです。

その心2▼常に亭主（アダム）の国家にせびられる妻（イブ）の中央銀行の宿命

実際、日本銀行も政治家や閣僚から「日銀も政府に協力して金融の緩和に努めよ」と要求され続けたそうです。そのように速水元総裁は回顧しています。

もちろん速水は中央銀行の立場をつらぬきます。「事柄の内容次第では、自主性を持ってイエス・ノーをはっきり言う必要がある。それこそが中央銀行の独立性が大切にされるゆえんである」〈速水2005〉116頁）。

日本銀行は独占的に銀行券を発行する組織ですから、その銀行券の信頼性を維持するために、債権者、債務者の「どちらに対しても、えこひいきがあってはいけない」そうです。日銀が「日本経済の良心」の立場で、銀行券の発行・調整をするそうです〈速水2005〉196頁）。

しかし、ここで、何度か述べましたが、見逃せない事実があります。日本銀行に独占的な通貨発行権を与えているのは政府なのです。この政府は日銀の最大出資者です。日銀の利益を国庫納付金として納めます。他方、日銀の資産の最大項目は国債です。日銀はこのかぎり、国に対して債権者です。

また日本銀行券の無利子一覧払い債務証書を保証するのは何でしょう？　資本金や内部留保です。この内部留保は国のものです。日銀が解散した時に財産は国のものになるからです。つまり、日銀は国家との関係でいえば、バランスシートの左と右で債権者、債務者、出資者の立場を行き来しているのです。まさに三面六臂の阿修羅の如くです。

民主主義社会において政治家は、大衆迎合主義の誘惑にはなかなか勝てません。大衆の人気取り政策に走りがちです。自身が国会議員に選出される選挙地区の住民に自分がその地域にとって必要な人物であることをアピールして、有権者にうけのよいことばかり約束します。この結果、放漫財政に走ってしまう危険があるのです。

その心3▼民主主義国家ではますます重要となる中央銀行の独立性

政治家は景気動向や失業問題に敏感です。有権者の御機嫌とりに精を出す。民主主義社会では、政治家は有権者を守るためでなく、むしろそれを食い物にするために国債を発行させ、人為的に景気を引き上げようとしたりします。

その典型がヒトラーでしょう。ヒトラーは民主主義の揺籃から飛び出したのです。ヒトラーは『我が闘争』で予言しています。「民主主義を利用して、民主主義を打ち破り」政権の座につく、と。ヒトラー政権で中央銀行総裁や経済相を担当していたシャハトによれば、ヒトラーが政治的に成功した秘訣はない、ただ社会の「貧乏と失業」につけ込んだだけだ、というのです〈ワイツ〉63, 149頁）。

民主主義政治はそのように変質する可能性がある。だからこそ、中央銀行は通貨価値を守るという重大な使命があるのです。

放漫財政につながる国債引き受けや政治的目的のための金融緩和、あるいは景気対策の要求の圧力に屈しない。それが中央銀行という日本銀行の独立するゆえんです。中央銀行家は政府で選ばれていないのが強みなのです。日銀に金融政策の判断、運営を任せるのが無難です。もし選挙で選ばれる政治家に金融政策を任せると、政治利権の絡みから景気政策のために放漫財政を続けさせ、日銀をそれに従わせてしまう。それでは、金融引き締めの適切な時期の導入も、政治的思惑で阻止されてしまう。こうなると適正な金融政策は運営されない。インフレ抑制と雇用拡大の正しい選択ができなくなります。

だから日銀は政府から独立していなければならない。しかしそれは通常の場合の一般論です。昨今の連続する世界的金融危機において、中央銀行は政府財務省と金融危機対策において一心同体の関係になっています。

Q2 大規模な金融緩和を進めている日本銀行は国債を大量に抱えています。これは「中央銀行による国債引受の禁止」（政府財政赤字ファイナンス禁止）に反しませんか？

A 反しません。日銀は大量に「国債引受」していますが、「国債直接引受」はしていないからです。

その心1▼日銀は保有する資産の3つの原則（健全性、流動性、中立性）に照らし合わせて金融政策を行なう

物価安定を第一の目的とする日銀は、中央銀行として通貨信認を保持する責務があるので、経営が健全でなければなりません。したがって同行が保有する資産は、健全性、流動性、中立性の確保が求められるのです。これが日銀による保有資産の条件です。保有資産や受け入れ担保には高い信用力が必要なのです。

日銀は保有している資産や担保の健全性がなくなり、バランスシートが傷み損失が増えると、利益が減ります。そうなると日銀は国庫に納める納付金が減少します。国の収入が減るので、最終的には国民の負担が増えます。

そして損失が膨らみ、万が一日銀が債務超過の状態になると、政府の財政支援に依存せざるを得

なくなります。すると、政府に対する独立性に基づく適切な政策や業務の運営も困難になります。ひいては、日銀が発行する一覧払いの中央銀行通貨の信頼性も低下するリスクが強まるでしょう（〈日銀〉39頁）。通貨価値が信頼されないと悪性インフレに直結します。だから健全性という原則保持が重要になるのです。

同じく中立性の原則も重要です。日銀は自身が保有している資産が当該資産市場の価格形成に直接、影響を与えないよう努めています。たとえば、特定の企業に関連する金融資産を大量に集中的に保有すると、その金融資産の価格は異常に高騰してしまうでしょう。市場の価格形成に歪みが発生します。これでは日本銀行が果たすべき金融調節を通じた資源配分の中立性が阻害されます。だから日本銀行は保有資産を選択する場合、中立性を確保する必要があるのです。そのため日本銀行は、市場の厚みがあり流動性の高い金融資産を金融調節のためにオペレーションの買入対象とすることを原則にしています（〈日銀〉40頁）。

もちろん流動性の原則の保持も当然守られます。

この日銀による資産保有の原則（資産の健全性、流動性、中立性の確保）の維持にとって、最近問題になっているのが政府との関係でしょう。超金融緩和をどんどん推し進めるために日銀が国債を大量に抱え続けることが、はたして同行の資産保有の原則に適うのかどうか？　この国債購入増加により、日銀がどんどん政府に資金供給し、政府の安易なお財布代わりになってしまえば、日銀の独立性の内実が問われかねません。

特にこの点、前日銀白川総裁は神経質になっていたようです。日銀の役割が物価の安定や金融システムの安定から逸脱し、政府の赤字ファイナンスの下僕になることは避けたいのでしょう。たとえば、2012年末に次のように発言しています。「特に重要なのは中銀は財政ファイナンスを決してしないということだ。市場で財政規律に疑念が生じれば、長期金利の急上昇などで経済や生活の安定を根本から覆されかねない。中銀が国債を市場で購入する場合も、政府の財政支援が目的だとみなされると、直接引き受けと同じリスクが発生する」（〈日経〉2012年12月29日）。

その心2▼日本銀行の独立性保持の判断材料となる国債の中央銀行引受の有無

日本銀行の独立性が保持されているか否かを判断する指標をとりあげておきます。それは国債の中央銀行引受の禁止のことです。もし日本銀行が、国の発行する国債を直接引き受けてしまい、これを拡大し続ければ、政府の財政節度がなくなり、中央銀行通貨の増発に歯止めがなくなります。悪性インフレにつながるでしょう（〈日銀〉221，223頁）。実際にそのような例が戦前の日本やドイツにあったから、なおさらのことです。

この中央銀行による国債引受の禁止はきびしく守られます。欧州中央銀行法においても、中央銀行による対政府与信の禁止がユーロの加盟条件となっているくらいです。

とはいうものの、日本銀行は特別の場合、国会の議決を得られれば、政府に対し資金を貸し出せます。特別の場合とは大災害など緊急事態のことをさします。このような緊急事態が発生すれば、国の支出は増え、歳入源もふさがり、国庫にも一時的に穴があくこともあるでしょう。中央銀行の対政府与信の禁止は、時と場合により緩和されるのです。

その心3▼日本銀行が国債の直接引受するケース

日本銀行が、国債の直接引受をするケースがあります。それは借り換え国債を発行する場合です。日銀が金融調節の結果、保有している国債が償還（満期）を迎えた時、その元本の返済を確保するために国債の借り換えが必要になることがあります。そのような場合、日銀はこの借り換えのために発行される国債を引き受けることはあります（〈日銀〉223頁）。

これは日銀の引受に該当しないという解釈です。なぜなら、金融調節のオペのために市場から購入した国債は国が発行した新発国債ではない、直接の引受ではないからです。既発国債が満期を迎え、それが借り換えられるだけのことです。だから国債の中央銀行引受にはならないわけです。

この点、「国債引受の禁止」という表現は必ずしも実態を伝えていません。むしろ「国債直接引受の禁止」とすべきでしょう。実際、国会でも後者のタームが使われています。

これを2013年3月4日の日銀総裁候補所信表明における質疑応答のやりとりから説明しましょう。野党の議員が「日銀の国債直接引受をどう考えるのか」と質問したのに対し、当時の黒田新総裁候補は「財政法で原則的に禁止されている。まったく考えていない」と返答しています。

しかし、いずれにしろ日銀による国債購入は増え続けることになるでしょう。意地悪な見方をすれば、中央銀行は財務省のいいなりです。国債の引受を日銀が忌み嫌う理由はここにもありそうです。また市場が財務省と日銀の関係をこのようにみてしまえば、国債の信頼は低下する恐れもあります。その点注意が必要です。

しかし日本銀行は国債が暴落しないよう金融調節しなければなりません。その場合、市場から国債を買い上げることになります。国のためにもそうする必要があります。

なぜでしょう。日銀という中央銀行は「銀行の銀行」ばかりでなく、「政府の銀行」でもあるからです。もちろん独立性、中立性を保ってのことです。しかも日銀の株の過半数を保持しているのは国なのです。また日銀が膨大な利益を出せるのも国のおかげです。国が日本銀行に銀行券発行権を独占的に与えているからです。これにより、日銀は無利子の一覧払い債務証書である銀行券を発行し、これで金融資産を購入し、そこから利子収入等を得るのです。

しかし国がこの関係を悪用し、日銀が国債引受を膨張させれば、政府の放漫財政には歯止めがかからなくなり、中央銀行通貨の信頼性はなくなります。この点、中央銀行総裁の理想的モデルとされる戦後のドイツ中央銀行初代総裁のフォッケの主張は貴重です。

フォッケは言い切っています。発券銀行が独立性を誤用して、国家や政府を傷つけたことはない。逆に政府がその権力を誤用して発券銀行と対立し、通貨の大混乱を引き起こす例が世界中いたるところにあるというのです（〈フォッケ〉吉野の解題，33-34頁）。

フォッケは中央銀行としてのほこりを示します。政府が中央銀行を従属させようとすれば、中央銀行よりも上位に立つ政府機関は、通貨、金融問題に関し、中央銀行当局よりも高度の技術的専門知識と実際的経験を持っていなければならない。もちろん、中央銀行にとって代わって金融政策を運営する資質をもつ政府機関があるはずがない。だからフォッケは強気の発言ができるのです。中央銀行の公平無私と独立性は貴重な資産というわけです（〈フォッケ〉吉野の解題，151頁）。

実際、日本でも中央銀行の日銀をさしおいて金融政策を遂行できる他の組織・機関は見当たりません（しかし財務省との関係は微妙なのです。この点は第4章で扱います）。

7—A　体をはって政府に逆らい、通貨を守ろうとした中央銀行総裁列伝（アメリカ編）——インフレ抑制のために大統領に逆らいクビにされたＦｅｄ議長

中央銀行が政府の国債乱発に安易に協力するとインフレを呼び、金融市場の信認を失います。だから中央銀行はあえて政府の要求に応じません。その結果、中央銀行のトップであるＦｅｄ議長が辞任させられてしまった例があります。１９５１年のトルーマン大統領の時代のことです。

Q1 インフレを抑制しようとしたのに、なぜＦｅｄ議長がクビにさせられたのですか？

A 朝鮮戦争があり、政府は戦費調達を安く上げたかった。しかしそれにＦｅｄが反対したからです。

その心▼国債管理における財務省とＦｅｄの合意（アコード）

１９５０年に朝鮮戦争が勃発し、財務省は戦費調達のために国債を低利で増発する必要性がありました。第二次大戦中、Ｆｅｄは戦費調達のために金利を低位に保った経緯があり、政府は朝鮮戦争の場合も、国債消化のため戦後も金利を低くしておくようＦｅｄに求めます（〈須藤〉258-259頁）。しかしＦｅｄ側はそれに簡単には応じません。

経済が回復している時に、金利を低位にしておくと経済が過熱化して、インフレが高まるリスクがあります。あるいは政府が望むような低金利では国債はスムーズに金融市場で販売できる見込みがなかったのです。当時、ニューヨークの銀行家たちは金利引き上げ圧力をかけていたのです。

結局、インフレが進行するという見込みを強く懸念したＦｅｄの主張が通ります。経済安定のためには必要に応じてＦｅｄが独立して金利を決めることになったのです。その際、Ｆｅｄと財務省の間で協定が結ばれます（１９５１年3月４日）。

これはアコードと呼ばれます。金融政策と国債管理政策は分離され、Ｆｅｄは国債の市中消化を助けるための国債価格支持操作（国債買入れオペ）は行なわないことになったのです。国債の貨幣化（monetization＝中央銀行による引受）を最小限にするという共通の目標の合意が交わされたのです。公債の貨幣化で、政府が中央銀行をお財布かわりに安易に利用することが慎まれるということです。

しかしトルーマン大統領はこれに納得がいきませんでした。アコード成立直後にマッケーブＦｅｄ議長に辞任をうながしました（事実上の解任）。Ｆｅｄ議長はアコード発表の５日の３月９日に辞任を表明します。

次の新Ｆｅｄ議長には弱冠45歳のマーチン財務次官補が任命されます（１９５１年４月２日に就任）。マーチンは財務長官の腹心でした。

Q2 財務長官の腹心がＦｅｄ議長になったのだから、Ｆｅｄは政府・財務省のいいなりになるわけですね。

A 違います。むしろ財務省出身のＦｅｄ議長がインフレ・ファイターになったのです。財務省出身だから中央銀行総裁になるのはダメだ、というどこかの国の政争からアメリカは無縁なのです。

その心1▼裏切られたトルーマン大統領

なんと財務省の腹心だったはずのマーチンは、トルーマン大統領の意に沿わず、Ｆｅｄの独立性の強化に奔走します。トルーマンは金利を安定化させ、国債の額面割れを回避するよう要求したのに対し、マーチンＦｅｄ議長は政府が責任ある財政金融政策を行なわなければ不可能であると答えたのです。

政府側は市場の実勢に沿わない金利で国債の借り換えを提案したのに対し、マーチンは市場の動向を反映した金利を重視します。市場の信認がなければ国債の安定消化は無理だというのです。金融市場は国家やＦｅｄの下僕ではないということでしょう。

トルーマンはマーチンに激怒し、マーチンを「裏切り者」呼ばわりしたそうです。Ｆｅｄの政府に対する独立性保持の戦いはすさまじかったのです（〈須藤〉267，281-282頁，〈日銀〉223頁，〈加藤〉259-261頁）。

その心2▼財務省出身者が多いFed議長

Ｆｅｄ議長は財務省出身者が多いのです。我が国では中央銀行総裁の候補から財務省出身者をはずすよう要求する政党がよくみかけられました。日銀の独立性の侵害、あるいは財務省の権限の肥大化を恐れてのことでしょう。

しかしマーチンの経歴をみると、そのような見方はお門違いです。マーチンは財務省出身であり、当時の財務長官の腹心でしたが、Ｆｅｄ議長の在任期間は１９５１年から１９７０年の19年間です。これはＦｅｄ議長の任期期間としては歴代最長です。

政府からの独立性が強いといわれるＦｅｄの議長は財務省出身者が多いのです。しかし、この人たちも金融政策運営の責任者となると財務省や大統領の意向に逆らうことがあるのです。インフレ・ファイターとして有名なボルカー元議長も財務省出身者です。ニクソン政権の時代は財務次官として円の対ドル切り上げ幅の協議をした人物です。

Q3 日本と違いアメリカの場合、中央銀行総裁の出自が財務省であることにこだわらない、ほかの理由はなんでしょう?

A 政府は、中央銀行とうまく協調しないと金融政策が市場の信頼を失うということをよく知っています。だから中央銀行の独立性を尊重するのです。

その心1▼Fed議長バーナンキは中央銀行の独立の有用さをわかりやすく解説

バーナンキは次のように説明します。「独立して運営する中央銀行は政府によって支配されている中央銀行よりも良い結果をもたらすという非常に確固とした共通認識が世界中にあるのです。特に、独立した中央銀行は、例えば、選挙前に経済を強化せよとの短期的な政治的圧力を無視することができます。そして、そうすることにより、中央銀行はより長期的にものを見ることができ、より望ましい結果を得られるのです」(〈バーナンキ〉58-59頁)。「世界中の主要な中央銀行は独立しているのが一般的です。そのことは、それらの中央銀行は短期的な政治的圧力と関係なく自らの決定を下せることを意味します」(〈バーナンキ〉59頁)。

中央銀行の独立性が経済にとって最適なことであるというわけです。中央銀行と政府は不離不即の関係にあるのでしょう。実際、クリントン政権下のルービン財務長官も、政府がFedの独立性を明確に支持すれば、金融市場からの信認が増すと考えています。政府によるＦｅｄ批判は公にしない、あるいは大統領は金融政策に関しコメントしないという慣行は、このルービンが財務長官にあった１９９０年代に確立します（〈白川〉334頁、〈加藤〉276頁）。

その心２▼中央銀行に余計なコメントをしない政府の慣行があるのは、それ以前にＦｅｄの独立性は確立していたから

それを示すのが、１９７９～87年にＦｅｄ議長だったボルカーの功績です。異常なまでに上昇したインフレを抑えるために、ものすごい金融引き締めを断行しています。金利は20％近くに上昇し、経済にマイナス効果が大きかったのですが、インフレ鎮圧が優先課題とされていたのです。

これはＦｅｄが政府から独立した立場にあったからできたことです。政治家のように再選されなければならない立場であれば、彼は自身の政策を持続できなかったはずです。ボルカーはレーガン大統領と議会から最小限の支持しか受けられなかったにもかかわらず、独立した金融政策を維持したのです（〈バーナンキ〉70-71頁、〈白川〉90-91頁）。

景気と物価安定を両立させるのはたいへんですが、時には悪性インフレを抑制する必要があるのです。ボルカーはこう言っています。「インフレーションの循環を断ち切るためには、信頼のできる統制のとれた金融政策を持たなければならない」（〈バーナンキ〉68頁）。

7—B　体をはってヒトラーに逆らい、通貨を守ろうとした中央銀行総裁列伝（ドイツ編）——シャハトはヒトラーをおさえ込む激戦を体験（Schacht geht in die Schlacht, um Hitler in Schah zu halten）

Q1
ドイツでは1920年代にどうしてハイパーインフレが起きたのですか？

A
中央銀行が大量に乱発された国債を引き受け通貨が膨張する一方、敗戦で生産が麻痺し物資が供給されない状態だったからです。

その心▼インフレが進行する中、国家財政支出が赤字を膨張させる仕組みができあがった

インフレが進行すれば、民間の銀行は実質価値の減価する国債など買わなくなります。だから国債を買うのは中央銀行だけになります。こうなると通貨が膨張します。政府は戦争に早期勝利して得られる利得（領土拡張、賠償金など）で国債を償還しようとしても、そうはいかなくなったのです。まさに取らぬ狸の皮算用です。

インフレが進行すれば、物価上昇に応じて政府の支出も増える。税収は過去の低物価水準に応じた額でしか入らない。過去から現在までのインフレ率が高ければ高いほど、政府の税収は支出に追いつけなくなるのです。だから財政赤字がますます膨らむ。この赤字を埋め合わすためにさらに国債が発行される。これで通貨が膨張し、インフレがインフレを呼ぶという悪循環に陥るのです。

当時のドイツの卸売物価は、為替相場の対ドル急落も重なり、22年中頃までに戦前の15倍から100倍近くへと急上昇しました。他方、生産は1913年＝100とした生産指数でみても、石炭、銑鉄は22年には90あたりだったのが、30を切っています。物価は23年半ばから24年には戦前水準の1兆倍にも上昇したのです。

この傾向を激化させたのが賠償問題です。ドイツは多額の賠償支払を戦勝国に突きつけられます。23年1月には賠償問題が紛糾し、支払延期をしたドイツへの報復としてフランス・ベルギーの両軍がドイツ経済の心臓部ルールに出兵しました。ドイツ側は「消極抵抗」を続けます。

これで経済活動が麻痺し、財政支出が増加して、23年秋にインフレは破局的状況となったのです。ドイツ経済の心臓部が占領されたので経済活動が麻痺したのです。当然、占領地域では徴税不能です。こうしてドイツ政府の徴税力、生産力は崩壊状態となったのです。

だからドイツの物価狂乱（ハイパーインフレ）は、単に通貨の増発だけでは説明できません。生産が麻痺すれば生産されるのは紙幣だけであり、増発された紙幣を吸収できる徴税体制が崩壊したことがハイパーインフレを引き起こしたのです。

しかもインフレは企業の生産意欲を麻痺させます。企業は在庫の値上がりだけ待っておけばよい。

こうして生産は大幅に縮小し、経済は崩壊の淵におかれたのです。マルクも暴落します。為替の急落も物価高騰につながります。

こうして、ひとかたまりのパンを買うために、国民が手押し車いっぱい紙幣を積んで運ぶ光景があちこちに見かけられるようになります。パンの値段は１日で２万マルクから５００万マルクになったと言われていました。

いずれにしろ、ハイパーインフレの原因は通貨発行の膨張だけでは説明できません。生産の麻痺、徴税体制の崩壊と通貨膨張が重なると起こるのです。特に目につくのが農民の動きです。彼らは農産物の代金をこのような紙幣で受け取ろうとしません。彼らはリスクプレミアムを要求します。そして農産物を隠匿します。これは生活を守るための当然の経済行為です。これで物資はますます欠乏する。だからインフレが進んだのです(〈戸原〉36, 64-66頁, 〈ワイツ〉67頁, 〈工藤〉15頁, 〈Schacht〉pp.18-19)。

ところで、超金融緩和をすればハイパーインフレが起こると主張する人がいますが、このような人はドイツで起きたハイパーインフレの実際の原因を知らないようです。これは生産の麻痺、徴税体制の崩壊、過大な賠償などの経済不安が通貨膨張を呼んだときに発生するのです。ハイパーインフレ危惧論は、ドル危機を煽る話と同類の根拠なき不安なのです。

Q2 ではハイパーインフレはどうして終息したのですか?

A 簡単な話です。ハイパーインフレの原因を断ち切ったからです。

その心1▼このインフレは1923年11月の「レンテンマルクの奇跡」で終息

徴税体制や生産の体制が回復する見通しが立ったからです。この間、破滅的なインフレがドイツを席巻する中、天井知らずのインフレに歯止めをかけ、金融秩序の回復において手腕を発揮したのがシャハトです。当時、シャハトは信認通貨監督官でした(〈ワイツ〉3頁)。

その功績もあり、シャハトは23年12月、ドイツ中央銀行のライヒスバンク総裁に任命されます。なお奇しくも同じ年、ヒトラーはバイエルン政府転覆を企てて失敗し、刑務所へ送られます。そしてその10年後の33年、ヒトラーはドイツ首相にまで登りつめます。そして同年シャハトはそのナチス政権に呼び寄せられます(〈ワイツ〉4、81頁)。

Q3 中央銀行総裁となったシャハトは一体どうやってヒトラーをおさえこもうとしたのですか?

A 彼は「経済の独裁者」であり、経済界から大きな支持がありました。だから独裁者ヒトラーもシャハトを登用するしかなかったのです。

その心1▼34年、ヒトラー政権のもと、シャハトの「新計画」を実施

シャハトは34年前半、深刻な外貨危機に対処するため強力な為替管理と貿易統制を敷き、国内経済の軍事化と経済的アウタルキー化によって、恐慌からの脱出をはかっていました。当時は世界経済はブロック経済化しており、ドイツは自由主義経済圏から閉め出されていたのです。

しかしシャハトはナチスとは一線を画しています。彼は経済的自由主義者の立場であり、経済的領域で圧倒的手腕を発揮し、経済界の支持もあり、「経済上の独裁者」の立場でヒトラーに対峙できたのです。

その自由主義者のシャハトがヒトラーに協力したのは、彼なりの理由があります。シャハトがドイツ軍備の建て直しの必要性を主張したのは、戦争でなく平和のためです。軍備の伴わない外交政策はありえないというのです。また再軍備をドイツ産業と雇用の活性化の手段にしていたのです。

いずれにしろシャハトは、ヒトラーによるドイツの軍事力の増強に手を貸したのですが、それは

平和を願ってのことであり、戦争遂行のためではないというわけです。ライヒスバンクでシャハトを支えていたフォッケも、シャハトは36年以降、戦争準備を停止するよう極力努力したことを指摘しています（〈フォッケ〉8-9頁、吉野の解題）

シャハトにとって軍需スペンディング政策はあくまでも景気回復策の一環にすぎません。その意味では限定された再軍備政策なのです。軍事化と経済的アウタルキーは自己目的化ではない。あくまで世界のブロック経済化が進む中、ドイツは自衛策として対外経済統制と再軍備計画を採用したのです。そしてその後に世界経済の内発的な発展によって、ドイツがその有機的連関の再生産の枠におさまることを期待していたのです。

ただシャハトによる為替政策は悪名高いものでした（シャハト主義）。輸入は輸出の枠内でしかできない。輸入してもその代金を外国に自由に使わせない。その一方、輸出では交換の自由な外貨獲得を目指すからです。

シャハトはナチスを嫌悪しています。実際、シャハトは35年、ケーニヒスブルクの会議で、ナチの粗暴な不法行為を公に批判しています。まさに「経済上の独裁者」の面目躍如といったところです。

だから、後のナチス戦犯を裁くニュルンベルク裁判でも、「強大なドイツをつくりあげるためなら、わたしは悪魔にでも協力する」と堂々と証言したのです。その結果、ニュルンベルク国際軍事裁判で無罪の評決を勝ち取ります（1946年10月1日の裁判、〈戸原〉179-180頁、〈古内〉4、337、341、345、363頁〈ワイツ〉3, 5, 6, 142, 179, 336頁）。

その心2▼根は自由主義者のシャハトがヒトラーといつまでもうまくいくわけがない

経済相としてのシャハトの手腕もあり、36年にドイツでは完全雇用が達成されました。しかし軍備拡大が続き、景気が過熱化します。この時、シャハトはヒトラーに対して、軍需拡大のスロー・ダウンを迫ります。しかしヒトラーは経済の大立て者の要求を無視し、軍備拡大を急ぎ、36年10月、自給自足計画を正式に指令します。シャハトのライバルのゲーリングが経済独裁者としての地位を確立します。37年11月、シャハトは経済相および戦争経済全権委員を辞任します（〈工藤〉316頁）。

しかしながら、経済界を無視した軍需拡大など不可能です。シャハトは国内自給化よりも世界経済との連繫、あるいは軍備拡大よりも輸出拡大による通貨の安定を求め、ドイツを世界の偉大な貿易国に復活させようとしたのです。この要求が入れられず、経済相を辞任します。経済の独裁者として君臨したシャハトの勢力は後退していきます（〈戸原〉185-186, 193, 220頁,〈ワイツ〉219頁）。

Q4 シャハトはヒトラーに協力したかどで戦後ニュルンベルク裁判にかけられたのに、ナチス戦犯ではないという無罪評決をうけています。ナチスにおけるシャハトの経済的役割はどう評価するべきでしょう。

A シャハトは「ライオン使い」としてヒトラーの檻に入ったのです。ナチス戦犯扱いにならなかったのは中央銀行総裁の実績が作用していると思います。

その心1▼中央銀行総裁として通貨の健全性を守る立場をつらぬきます。それでヒトラーに退けられました

とはいえシャハトは中央銀行総裁の地位に居続けています。ヒトラーもシャハトを使い続けるつもりだったのです。しかし、これもいずれ終わります。

1939年1月7日、中央銀行総裁シャハトは、中央銀行が膨張が止まらない大蔵省証券の引受を強いられていたことに抗議し、ヒトラー総統閣下へ上申書を出します。38年末に通貨と財政は危機的様相にありました。過度の財政支出と政府機関に対する短期信用の行きすぎで通貨価値が脅かされていると指摘したのです（〈フォッケ〉171頁．吉野の解題）。

上申書は当時の戦争準備と対外政策の進行を停止することを求め、それができなければヒトラーとライヒスバンク重役会は絶交することを決意したのです（〈フォッケ〉8-9頁、吉野の解題）。ヒトラーはこれに激怒し、この上申書を集団的叛逆とみなし、総裁シャハト、フォッケなどライヒスバンクのほとんどの重役を追放します。その穴はヒトラーに従順な人間で埋めます（〈フォッケ〉7頁）。

そして39年6月の中央銀行法の改正で、ドイツ中央銀行の政府への従属はますます強まりました。24年制定法にもとづくライヒスバンクはドイツ・ライヒスバンクに改組され、国家の無制限主権に服従する中央銀行となります。

シャハトも43年1月、ヒトラーに大臣職を解任されます。新聞には1行の発表もなかったそうです（〈ワイツ〉27頁）。

その心2▼檻から脱出した「ライオン使い」は猛獣ではない

シャハトはナチス戦犯扱いで獄中にあった時、有名な言葉を残します。「わたしは小さなライオンではない。わたしがライオン使いとしてこの檻に入ったと言うことを忘れないでいただきたい」（〈ワイツ〉352頁、ドイツでのリューネブルクでのドイツ人検察官への説明）。

シャハトはナチス体制では政治上の独裁者ヒトラーの向こうを張り、経済上の独裁者として経済界の圧倒的支持を受けていました。ナチスと一線を画していたのです。

実際、シャハトはヒトラー暗殺計画に加わった人たちと親交がありました。44年7月20日、ヒトラー暗殺計画が起きます。フォン・シュタウフェンベルク卿による暗殺計画が失敗した日です。そしてシャハトは7月23日、ゲシュタポに逮捕されます。その理由は知らされていません。暗殺計画に関わったというのでなく、軍備拡張に反対したという理由の可能性があります。

シャハトはヒトラー暗殺計画を練っていた軍人とは親密な関係にあったことは確かのようです。それから4年間を32の刑務所と強制収容所で過ごします〈ワイツ〉305, 307, 319頁）。ライオンの檻から出たのですが、別の檻に入れられたのです。しかし、この檻からも最後には脱出できたわけです。

ここで筆者も知らなかった小話を一つ：アウトバーンの考案の原点のことです。筆者はこれはヒトラーが考案したものであるとずっと考えていました。ところがシャハトによれば、それはヒトラーの創案ではない。最初のアウトバーンは、ベルリンとその近郊にある湖畔の行楽地を結ぶ道路であった。21年に外国からの借入で建設。金持ち連中の行楽地とベルリンの間の交通の便を図るためだったそうです〈ワイツ〉94-95頁）。

もうひとつシャハトの逸話：中央銀行総裁は大蔵大臣を辞任に追いやるほどの権勢をふるったことがあります。29年12月、シャハト総裁は政府の赤字補填のために政府貸出を拒否します。中央銀行の独立性の証しなのでしょうか？　これに抗議してヒルファディング蔵相は辞任しています〈戸原〉131頁）。

Q5 ドイツ中央銀行はなぜ物価安定にこだわるのですか？

A ハイパーインフレの悲惨な体験をしたドイツ中央銀行は、通貨価値の安定のために政府からの独立性を重んじると一般に理解されていますが、対外事情（賠償支払問題）も強く影響しています。

その心▼戦勝国はドイツから安定した通貨で賠償を取り立てたい

フランスなどの戦勝国は、その賠償金を安定した通貨で支払わせようとします。しかもそのお金で米国から戦時中に借りていた借金（戦債）を返済しなければなりません。だから通貨の安定はドイツばかりでなく戦勝国の賠償取り立て、米国による欧州戦勝国に対する戦債の回収という観点からも絶対不可欠だったのです。

1924年8月の新しい銀行法により、中央銀行としてのライヒスバンクを軸に通貨信用制度が改革されます。同行は法人格としては戦前からの同一性の保持しますが、制度的に面目一新されます。

戦時・戦後インフレの経験から政府に対する独立性が格段に強化されます。組織面で独立性が明文化され、同行に対する政府の監督権・指揮権が廃止されます。また戦前は法規上無制限だった政府に対する信用供与もきびしく制限されます。この対政府信用がインフレの元凶だったからです。また戦勝国はドイツに対する賠償は同行を通じて支払わせます。この面からも、同行は政府からの独立性の確保が図られたのです。またドイツは戦後復興のために外資への依存（対外借入）が不可避でした。だからライヒスバンクのその最大の政策目標は、対外的通貨価値の安定維持となったのです〈《工藤》17-19，22頁〉。

戦後直後の日本の通貨安定の目的も似たような事情が絡んでいます。戦後の冷戦期、アジアにおいて日本を反共の砦にするためには通貨安定が不可欠です。そのためにドッジ・ラインが敢行されます。激しいインフレに見舞われた経済を建て直すためです。経済的自立のためには通貨安定が必要です。したがってインフレを終息させなければなりません。米国の援助と国内の補助金で成り立っている、いわゆる竹馬の足を切りとる荒療治です。49年4月、単一為替レートの設定され、1ドル＝360円が発表され、以降、この為替レートの維持が図られます。西ドイツ、日本の戦後復興の奇跡は通貨安定なしには考えられないことでした。

通貨安定こそが資本主義経済の安定につながるのです。第一次大戦後のドイツ、第二次大戦後の日本の例のとおり、通貨安定を果たした国がいち早く経済復興を遂げるのです。

この点、革命家レーニンは資本主義の弱点を鋭く見抜いています。資本主義打倒の野望を抱いたレーニンは、インフレで通貨を台無しにすることが資本主義を打倒する最善の道であると主張したのです。実に的確な主張です。絶えざるインフレーションの過程によって、政府は、密かに、それと知られずに、市民の富の大部分を没収することができるからです。

この点、ケインズもレーニンの洞察力を絶讃しています。

「レーニンは、確かに正しかったのだ。通貨を台無しにしてしまうこと以上に、現存の社会の基盤を覆す精妙、確実な手段は存在しないのである」（ケインズ『平和の経済的帰結』）

まさにレーニンは正しい。１９８０年代にインフレを克服した先進資本主義諸国。他方、自国通貨ルーブルは海外では使いものにならなかったソ連。ソ連は通貨の面でも冷戦に敗北したのです。

第4章
日本銀行と政府財務省による財政金融政策
メビウスの輪のねじれ

1　為替政策は財務省管轄でも日銀の金融政策との連携は欠かせない

Q1

日本銀行は円安誘導する力がありますか?

A

ありません。「外国為替相場の安定を目的とするもの」の法的権限は財務省にあり、日本銀行には権限はないからです。そう解説しているのが白川博士です(〈白川〉370頁)。

その心1▼外国為替市場の安定の責務は財務省にある。日銀はその指示で行動

財務省は円相場が不安定に動く場合、必要に応じ日本銀行に指示を出し、日銀は国(財務大臣)の代理で外国為替を売買する為替市場へ介入します。その市場介入に併う損益は日銀のものでなく財務省のものです(図13)。

日銀は財務省の外為経理の事務作業も行ないます(国の事務として)。だから、外国為替資金特別会計が保有する外貨資産を公表しているのは日銀ではなく財務省なのです。国(財務省)は日本銀行も保有する外貨資産を合わせ、日本の外為準備として毎月末の残高を公表します(〈日銀〉199-200頁)。

また日銀は外為法に関連する委任事務も財務省のために行ないます。国際収支統計や対外資産負

図13　為替市場介入における財務省と日銀の連携図

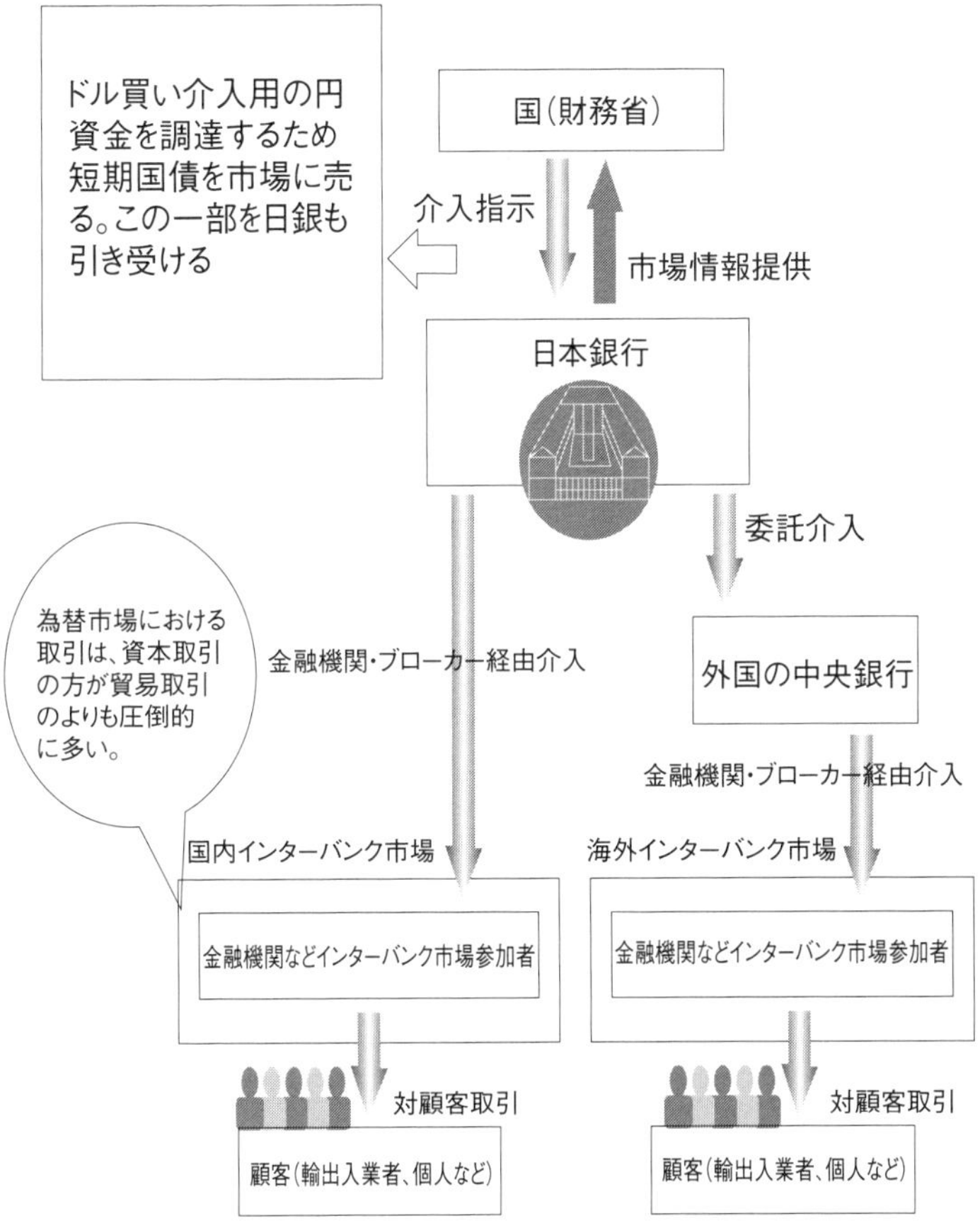

(出典)〈日銀〉72頁の図をもとに加筆

債残高の作成も財務省から委任されたものにすぎません（〈日銀〉203頁）。

とはいえ変動相場制では資本移動は自由です。この資本移動は各国の金融政策に敏感に反応します。この結果、為替相場が変動します。各国間の金利格差、金融引き締めや緩和の動きに、世界のマネーが敏感に反応します。だから円相場の乱高下が起こるのです。ということは為替安定を保つための財務省の為替政策も、金融政策を担当する日本銀行なしには成り立たないということです。資本が各国間を自由に行き来できる変動相場制において、為替政策はますます金融政策と融合するわけです。だからこそ財務省と日銀は為替政策で緊密に連絡しあうのです。

その心2▼アメリカも基本的に同じ。為替介入の権限は財務省にある

Ｆｅｄも公開市場操作の一環として為替介入できます。しかし、第一責任者は財務長官です。公開市場操作ですから、これはあくまでも金融政策の範囲ですが、為替相場の件は財務省の所轄です。もちろん、為替相場は金利や物価水準の動向にも大きく左右されるので、財務省とＦｅｄは緊密に協議します。

実際に為替売買を手がけるのはニューヨーク連銀です。財務省とＦｅｄから委託されて介入事務を執行します。双方、半分ずつで売買します。財務省の介入資金は為替安定基金から支払われ、Ｆｅｄによる介入は、自己勘定で行なわれます。為替市場に介入する場合、通常は両者が事前協議して、資金を折半して行ないます。

ユーロの場合はどうでしょう。日米と基本的に同じです。EU蔵相理事会がECBに諮問し、為替相場に関する一般的な指針を策定します。ECBはこれに整合する形で為替介入を行ないます。介入事務はECBと各国中央銀行が担当します。要するに、為替相場に関する一般的指針はEU蔵相理事会サイドにあるのです。もちろん、ECBの責務である物価安定の目的を妨げないよう整合性を保ちつつ。

ユーロに加盟していないもののEU加盟国であるイギリスの場合も、為替市場への介入権限は財務省にあります。しかし、イングランド銀行にも一部あります。それは金融政策目標達成に必要な場合にかぎります。財務省の為替平衡勘定の資金が介入に動員され、介入事務代行はイングランド銀行が執行します。財務省勘定の操作ですから、その介入実績は月次で財務省のホームページで公表されます（〈日銀〉201頁）。

以上のとおり、為替操作の権限は先進国の場合、中央銀行でなく財務省にあります。通貨政策は広い意味では金融政策の一環ですが、その権限、勘定は中央銀行でなく、政府に属します。

しかし日本銀行はこの為替操作の面で、政府金融のお財布代わりにされています。政府の勘定でドルを買うための円資金は、外国為替資金特別会計による政府短期証券（外国為替資金証券）の発行をとおして調達します。

この政府短期債は、他の先進国では市場で消化するのが原則です。中央銀行は直接引受をしないのです。ところが１９９８年に日銀法が改正された後も、日銀はこの短期政府債を全額引き受けていました。日銀法改正以前の旧態依然たる慣行が続いていたわけです

さすがにこれはまずいようです。日銀の独立の明確化とは、先進国の中央銀行では当たり前になっていることをするはずですが、その当たり前のことさえできていなかったからです。

そこで当時の速水総裁の政府に対する強い働きかけもあり、１９９９年4月に市中公募入札方式の発行が実現します。為替介入に要する円資金は、市場で政府短期債を発行して調達するのです。その年の11月には市場から短期国債買い取りオペが実施されました。市場が抱えきれなかった短期証券を日銀が買いオペで吸収するのです〈〈速水2005〉114-115頁〉。

その心３▼外国為替運営は財務省。日本銀行はその尻ぬぐいさせられる構造

日本銀行はニクソンショックを忘れるわけにいきません。１９７１年当時、外貨準備の大部分を保有していたのが日本銀行です。この円切り上げによる保有外貨損で４５０８億円の為替差損が出ました。

当時、外為特別会計は、政府短期証券発行などによる円資金借入れに限度があり、介入して買い入れたドルは日銀にまとめて売られていたので、為替リスクが日銀にドンと回ってきたのです。

おかげで日本銀行は大幅な赤字を出します。この赤字は長年積み上げてきた内部留保で処理されましたが、その年度は国庫納付金を納めることはできなかったそうです〈〈速水2005〉152頁〉。

日銀の自己資本比率も71年上期の10・01％が下期には2・14％に急落しましたが、73年度下期に7・88％に回復しました。外為準備減損は血税で埋めるしかないわけです〈速水2005〉153頁〉。日本が大きな為替リスクを抱える構図は、今も続きます。政府短期証券を発行するのはドルを買い、円の上昇を抑えるためです。本来、この短期証券は市場で消化されるべきですが、市場が持ちきれない分が出るときは日銀が購入します。買い入れたドルは基本的に米国国債に運用されます。日本自体が巨額の財政赤字を抱えているにもかかわらず、日本政府は米国国債を購入し続けるわけです。

速水はこの点、経常収支赤字と財政赤字という「アメリカサイドの大きな双子の赤字を、こうして日本が短期国債を大量に発行しファイナンスに用いることの不自然さ」に釈然としないようです。これを次のようにたとえています。「日本が貢ぎ、アメリカが使うという構造」だというのです。これが「広い通貨政策として正当化することができるだろうか」と疑問を投げかけます。しかしドル買い・円売りの為替操作は、円高が急激に進み、日本の輸出産業が打撃を受けるのを防ぐコストと考えるしかないでしょう。

これは日銀総裁だった速水もわかっています。つぎのように自身に言い聞かせています。「これは国全体の立場で考えるべきことで、自国の政策よろしきをえた結果、保有外貨準備に一部、不可避の切上げ損を生じることはやむをえない」〈速水1982〉40頁〉というのです。

これは円相場が急落した時のことを考えればわかります。1970年代の石油危機で日本の国際収支赤字は増加し、円が急落しましたが、これを緩和するのに役立ったのが外為資金特別会計に貯めていたドル準備だったからです。このドルを売り、円の急落を防ぐのです。

Q2 では世界の為替相場の調整で協議するメイン・プレーヤーは財務省であり、中央銀行ではないということですか？

A そのとおりです。その有名な例を４つ挙げておきます。

その心1▼1971年12月のスミソニアン会議

それまで1ドル＝360円だった日本円は308円に切上げられました。切上げ幅は16・88％でした。日本にとって大幅な切上げだったはずですが、実は日本は値切っていたのです。

当時の水田蔵相は大芝居を打ちました。当初、日本側は17％以上ではダメだと主張したのに対し、米国のコナリー財務長官は18％を突きつけます。その時、水田は昭和初期の円の切上げにおける不吉な話を持ち出しました。日本が金本位に復帰した時の切上げ幅は17％でした。日本は不況に陥り、蔵相だった井上準之助が暗殺された。だから不吉な数字の17％より下でないとダメだというのです。

こうして円切上げ幅は16・88％に落ち着きました。

実は日本の産業界はもっと大きな切上げを覚悟していました。時の佐藤首相も水田に「20％も止むなし」と指示していました。それを16・88％におさめた水田は、アメリカをうまく出し抜いたわけです。このことを後に知った当時のボルカー財務次官は「もう3％は頑張れた」と悔しがったそうです。

閑話休題：切上げ幅の話には落ちの足がつく

水田はコナリーへ飛騨の金造獅子頭を贈り、「ご婦人を悪魔から守るお守り」と説明します。コナリーはこの獅子を「米経済を食うエコノミック・アニマルかと思った」と返し、テキサス出身の財務長官はお返しとしてカウボーイ・ブーツを贈ります。

「バカの大足」大臣と呼ばれる水田は、「テキサスでは足の大きい男は女にもてる」とコナリーに言われたそうです。足が多ければ一物も大きいとかけた話です。水田もまんざらでもないでしょう。切上げ幅協議には高度な足かけ論の落ちがついていたのです〈米倉2007①〉191-192頁）。

その心2▼1985年9月に結ばれたプラザ合意

為替協議の主体は日本は財務省、アメリカも財務省です。その時、ドルを下げたのはなぜか？

当時、ドルが過大に評価されており、安い商品が米国へ洪水のように流入して米国の製造業を荒廃させていました。放置しておけば、米国議会の保護主義が高まるのです。

ベーカー財務長官は、国内の保護主義を防ぎ、貿易戦争を回避し自由貿易体制を維持するため、異常なドル高の大修正を協議したのです。この結果、合意発表から1日して円は対ドル２３５円から約20円も下がり、1年後には１２０円台になります。これはものすごい円高に見えますが、実際はそれまでの異常なドル高が暴力的に修正されただけのことです。この協議の主体は日米の財務省関係の人間なのです。

ここで当時、蔵相だった竹下登にも落ちがついています。大平政権時代の蔵相の時、「円高大臣」とカーター大統領にほめられた竹下登は、プラザ会合において「今の相場だと蔵相を卒業できない」と言ったそうですが、竹下の通訳を務めた副財務官・近藤健彦はこれを「円高にならないと総理になれない」と訳してしまい、話題になりました（〈近藤〉67頁）。

しかしそこは寝業師の竹下。英国蔵相ローソンの回顧録（*The View from No.11*）によると、竹下は「円が上昇すれば（rises）、円高男（riser）は失脚する（falls）」と冗談を言ったそうです（〈Lawson〉pp.539-540）。

これこそ逆説的な落ち（falls）の極みです。竹下登は、その名のとおり、後に首相にまで登りつめます。実際ローソンも、竹下登が後に総理に「登る」「円高男」になったと書いています。

政治の世界で№１に登りつめた人と№11（英国首相官邸№10の隣で蔵相官邸）から世界をみていた英国政府№２の会話には、竹を下に割る登意即妙の、登りならぬ落ちがついています。ちなみにローソンは「おち」をつけるのがうまかったそうです（〈近藤〉20-22，67，98-99，123，136頁）。

その心3▼1987年秋のブラック・マンデー

この時も通貨協議は米国財務省とドイツ蔵相の協議が軸になります。

当時、米国の株式市場はM&Aブームで過熱化の状況でした。その一方、インフレ懸念、あるいは米国の貿易・財政という「双子の赤字」に関してドル不安が進行し、金利の先高観が強まっていました。過熱化した市場で金利が上がれば株価が急落するのはごく自然の流れです。10月14日には米国の8月の貿易赤字が155億ドルと発表されましたが、これは市場の予想を大きく上回るものでした。いわゆる双子の赤字が問題になっていた時期であり、これでドル下落不安が煽られます。

これに火に油を注いだのがベーカー財務長官の言動でした。10月15日、ベーカー財務長官はドイツがさらに金利を引上げないように強く求めます。欧州に飛び、フランクフルトへ突然立ち寄り、ドイツ中央銀行総裁と蔵相と3時間の協議をもちます。しかし協議は失敗します。ドイツは10月に金利を引上げてしまいました。

市場はベーカー財務長官による米国・ドイツ間の金利調整の失敗に失望します。これがウォール街の株価の調整局面と重なります。市場は米国がドイツの金利引上げに対して一方的なドル下落で報復すると受け止めました（〈Lawson〉pp.555-556，751-752，〈近藤〉110頁）。

経済学者の無責任な発言も金融市場の不安を煽ります。10月7日、世界的に著名なエコノミストであるドーンブッシュはドルを30％下落させれば、米国の貿易赤字が削減されると主張しました。ドルが暴落すれば金利は上がります。これでは加熱化していた株式市場はたまりません。こうして1987年10月19日のブラック・マンデーが勃発しました。ニューヨークのダウ工業平均株価は508ポイントもの歴史的大暴落となったのです。

閑話休題：愛妻家レーガン大統領は株暴落よりもナンシー夫人のガン手術を心配

レーガン大統領はこの株価暴落を、「崩落」（crash）というよりも「調整」（correction）であると主張します。経済指標は良好なので人々がパニックに陥る必要はないと言明しています。

ワシントンのCapitalにいた大統領にとって心配だったのは、株の時価総額（Capitalization）よりも、ガン手術で入院（Hospitalization）していたナンシー夫人のことでした。夫人の術後の経過に安堵したレーガンは、株式市場の件は「調整にすぎない」と発言していたのです。

実際、レーガンの見方のほうが当たっていました。1987年の場合、経済は強く、株価の暴落は他の経済部門には波及しなかったのです。むしろその時の暴落は、1990～91年の不況を経て、90年代末まで続くことになる、長期にわたるウォール街の株価上昇の始まりだったのです。

その心4▼財務省と中央銀行の連携を欠いてしまった最悪の事例はブレトンウッズ協議

第二次大戦中、ニューヨーク連銀総裁スプロウルとウィリアムズ教授はＩＭＦ創設に強く反対し、１９４４年のブレトンウッズ会議への出席を拒否しています（〈米倉2006〉67頁）。ニューヨークの有力銀行は、戦後も過渡期は長く続くはずであり、その期間にＩＭＦは機能できない、だから大半の民間の銀行家がポンドの交換性回復を条件として巨額のローンを与えるよう主張した。ＩＭＦの設立そのものに反対していたのです。

英国の戦時中の対外累積債務の問題を解決しないかぎり、ＩＭＦがあっても通貨安定は蜃気楼にすぎないと言い、戦争で負う英国の債務を帳消しにし、武器貸与条件を緩和し、封鎖されたポンド残高の交換性を回復できるよう、さらに英国の戦後直後の数年の国際収支問題を解決するために援助し続けるよう求めていたのです（〈米倉2006〉66-67頁）。

このブレトンウッズ協定を内実化する１９４５年9月に始まる英米金融協定交渉でも、英国の財務省と中央銀行の連絡はうまくいきません。この協議では通貨専門のイングランド銀行の人間が英国政府代表のケインズに随行していなかったのです。

なぜ、ケインズはイングランド銀行の人間を随行させなかったのでしょう。将来の英国の通貨体制の協議がイングランド銀行のペースにはまることをさけたかったのです。同行は「スレッド・ニードルの老婦人」の渾名から連想されるように、ケインズからすれば保守的な考えに凝り固まっているので、ここの人間には邪魔されたくないわけです。

では保守的な考えというのは何でしょう。ケインズは戦後直ちに為替を自由化したいのに、イングランド銀行はそれに非常に慎重だったことです。ケインズは米国から援助を得るためには為替自由化を見返りにする考えでした。しかし戦後すぐに為替を自由化するのは無理な話です。

結果はイングランド銀行の見方が正しく、ケインズは大間違いでした。大間違いだったことが1947年夏に判明します（ケインズはすでに死去）。この時、英国は7月に為替を自由化したものの、たちまちのうちにポンドは売りたたかれ、8月20日に自由化を停止し、実際に自由化にこぎ着けたのは1958年末のことでした〈〈米倉2006〉174-175頁〉。何と10年以上たってのことです。大蔵省、あるいは財務省と中央銀行の緊密な連係を欠いた最悪の例の一つです。

Q3 異常な円高是正策として外債購入の導入を唱える人がけっこう見受けられます。

A 日銀が外債を購入するのは、いろいろ問題があります。外債購入の権限は基本的に財務省にあり、日銀・財務省間の調整が必要です。さらに何よりも、外債購入は人為的な円安誘導操作であるとする外国の批判に勢いをつけるでしょう。

その心▼外債購入は財務省のお金から

日銀総裁候補とされていたエコノミストの中には、日銀による外債購入の導入を唱えた人がいました。筆者はその人たちの見識には?をつけます。

しかし総裁に任命された黒田東彦はさすがです。外債購入は為替介入と受け取られるという理由から日銀による外積購入を否定しています。黒田は財務官の歴任もあり、為替操作の経緯にも詳しいはずです。

黒田は99年7月から約3年半の財務官在任中に円高阻止のため為替介入を実施しました。総額13兆円。「円高ファイター」の名をはせています（〈日経〉2012年12月15日、2013年3月1日）。

法律上、為替政策は財務省の専管事項です。日銀の金融政策には含まれません。しかも、円安誘導のために外債を購入することは、特定の金融資産に集中しない、特定の市場の価格形成に影響を与えないようにする日銀の原則にも反します。

実際に日銀による外債購入案が出る以前から、日本政府は外債を大量に購入しています。最近の場合、ユーロ危機のために外債を購入しています。その目的は円安誘導ではありません。

その目的は別の所にありました。日本政府は1月中に欧州安定メカニズム（ＥＳＭ）が発行した債券の４億ユーロ購入を発表しています。総発行額の１割にあたります〈〈日経〉2013年2月2日）。このＥＳＭはソブリン危機に悩む諸国の国債を新規購入する基金です。

これはまさしく外債購入ですが、円安操作のためではありません。ユーロ圏の金融危機を防ぐためにマネーの防壁を築き上げるためのものです。この種の外債購入は世界的金融危機対策のためのものであり、円安誘導など日本の景気対策として利用することはないのです。

「通貨戦争」キャンペーンの先頭にたつブラジルのマンテガ蔵相はＧ20の場でも、「通貨戦争は激化している」と警告しているくらいです（〈日経〉2013年2月24日）。日銀が外債を購入すれば、このようなブラジルの批判に勢いをつけることになります。通貨外交上の配慮が必要でしょう。

2　金融安定化の仕事でも一体化している財務省と中央銀行

Q1
金融危機が勃発した時に主導権を握るのは財務省それとも日本銀行?

A
間違いなく財務省です。即座に日本銀行に「最後の貸し手」の役割を担わせます。

その心1▼中央銀行に損失が出た時、国がその損失を埋め合わせる手順

日銀の収益は国庫納付金として納められる関係にあります。だから国はこの納付金が減少しても構わない。損失覚悟で中央銀行に特別融資をさせるのです。

その一番わかりやすい話は、1965年の山一證券恐慌です。この時、田中角栄蔵相（当時は財務省でなく大蔵省）は、日銀法第二十五条を発動させ、同証券へ無担保、無制限融資を行なうよう日本銀行に指示し、金融不安を解消させます。政府が背後にあったからこそ日銀は山一特融を敢行できたのです。

これは金融危機の時のバジョット原理の超例外的な応用です。中央銀行は「最後の貸し手」として、支払い能力はあるが一時的に流動性不足に陥る金融機関に対し、すばやく惜しみなく流動性を供給することですが、当時の山一證券の場合、最も楽観的に見ても返済に20年はかかると予想されていました。実際には山一は数年で返済できたのですが。

銀行と証券市場は深く絡みあっています。証券市場における危機を放置すると銀行の決済機能そのものも麻痺してしまう。角栄はそう判断していたようです。山一證券が破たんすれば、日本の銀行組織の中核にある日本興業銀行が大打撃を受けるのです。

特筆すべきは、この山一證券恐慌における時の大蔵大臣田中角栄の英断です。中央銀行が直接、証券会社を救済する例は、１９２９年以降の大恐慌の時代のアメリカにもなかったのです。

65年の証券不況の時、山一證券は「運用預かり」制度を利用して証券投資していました。山一は顧客に利息を払って有価証券を預かり、それを担保にして金を借りて投資していたのです。

これは２００８年9月に破綻し、未曾有の世界金融恐慌を引き起こすきっかけとなったリーマン・ブラザーズと同じ手口です（証券担保金融のレポ取引によるレバリッジ取引）。日本興業銀行が発行する割引金融債が山一の「運用預かり」制度の担保になっているので、山一が破たんすると興銀も巻き込まれる恐れがあるのです。

興銀は当時の大蔵省、日本にとって一番重要な銀行であり、「興銀に傷が付くことは何としても避けなければならない」（〈日経〉2007年11月11日）。異例の日銀特融が実行された本当の狙いがここにある。元野村證券会長田淵節也はこのように推察しています。

田中角栄は銀行と証券の関係をよく理解していたのです。リーマン・ショックにおけるアメリカの金融危機対策よりもはるかに日本のほうが上だったのです。リーマンを救うか否かという問題は、ある意味どうでもよいのです。問題は銀行以外の金融機関の危機が、銀行を軸とする金融システムにも大打撃を及ぼす流れを見極めることです。アメリカ金融当局はリーマンの時はそれに失敗し、ＡＩＧの場合にはその点を見極めることができたのです（〈米倉2009〉109-111頁）。

ところが１９９７年には、歴史は繰り返しませんでした。山一證券はその名の示すとおり、山を一つ越えても二つ目の山は越えられなかったのです。97年の山一證券破綻の際には、角栄ほどの傑出した蔵相は登場しなかったようです。

かわりに山一證券は塚を一つ分け与えられました。いささかふつつかな人物が山一を塚に埋める役目となります（当時は三塚蔵相）。「失われた十年」と呼ばれる時代を象徴した事件でした（〈米倉2007①〉31-33頁）。

その心２▼国は金融危機の場合に日本銀行に必要な措置を指示できる

金融危機の場合、国は日本銀行に必要な措置を講じるよう求めることができます。これが日銀法には明記されています（第三十八条）。

「金融システムの安定」という日銀の主要業務は財務省との連係なしにはおよそ不可能な話なのです。日銀という中央銀行の独立性はこの脈絡で理解すべきことでしょう。

通常の金融政策における政策目標を設定する自由、政策遂行手段を選べること、それが日本銀行の独立性の主旨でしょう。

日本の不動産バブルも日本銀行の金融政策では制御できませんでした。日銀の金融政策だけでは無理なのです。だから、１９９０年３月、当時の大蔵省は金融機関の土地関連融資の総量規制を示達しています。結果としてバブルは破裂しすぎましたが。

その心３▼金融危機やシステムリスク危機、銀行救済には財政負担を伴う

中央銀行の債務を支えるのは中央銀行自身の資本ではない。中央銀行の自己資本が欠損した場合、それを埋めるのは国家なのです。中央銀行は最後の貸し手の機能を担う際に損失を受ける可能性がある。だから国家が背後に控えておくのです〈〈Heinsohn and Steiger〉pp.220-221〉。

その心４▼特に中小企業安定の仕事は金融庁の仕事

最近の金融安定化の面で懸念されることは、中小企業金融円滑化法が２０１３年３月末で期限切れになったことです。「中小企業金融円滑化法」は、２００８年秋のリーマン・ショックの後、亀井静香金融担当相の肝いりで導入され、２００９年12月から臨時措置として施行されました。

この法律では、中小企業から返済猶予の要請があれば貸出側の金融機関はその要請にできるだけ応じる義務があります。本来、１年の時限立法であり２０１１年３月で終了予定でしたが、政治の力学で２度も延長されています。

この法律で返済猶予を受けた企業は、全国の中小企業の1割弱にあたる30万～40万社だそうです。そして返済猶予をくり返す事業再生や転業の必要な会社（「不良債権予備軍」）は、5万～6万社に上るとみられます。返済猶予の額は２０１２年３月末までの累計で約80兆円です。

この法律が13年3月に期限切れとなりました。そのため、金融庁は3月末期限切れ後に倒産増加しないよう、4月以降もこの法律と同じ効果を維持できる体制を継続するそうです。金融庁は強引な資金回収が起こらないよう監視し、返済猶予されている企業の融資は銀行の不良債権に区分しない処置をしているのです。

政府も対応します。中小企業の再生を支援する地域経済活性化支援機構は13年度に出融資枠をそれまでの3倍の1兆円に拡大し、中小企業の財務体質の改善や売り上げ増加を図ります。中小企業経営の軟着陸を目指すのです（〈日経〉2012年10月13日，12月25日，2013年2月4日，3月2日）。

成長戦略をうたい文句とする安倍政権にとって、日本の雇用の7割をしめる中小企業対策を抜きに雇用対策は語れないはずです。このことをみても、金融の安定は中央銀行だけの仕事でなく、政府諸機関の仕事でもあることが確認できます。

その心5▼決定的に違う中央銀行と政府財務省による金融市場への資金供給の中身

中央銀行による金融安定の目的には流動性供給があります。流動性は不足しているが、支払い能力のある機関に対し、流動性を供給するのです。

それ以上にひどい場合、すなわち支払い不能になりかねない銀行に資本を注入するようなことは中央銀行の仕事でなく、財務省の仕事です。中央銀行は自身のバランスシートをリスクにさらす資金力もありません。だから資本注入、あるいは究極の最後の貸し手としての役割は中央銀行でなく財務省が果たすべきことなのです。公衆から借りたり課税できる財政当局の能力で達成されるのです（〈Buiter2009〉）。ビィターが中央銀行を財務省のオフバランス機関と位置づけるわけです（〈Buiter 2004〉p.46,〈Jonung〉p.256）。

財務省の後ろ盾があるからこそ、Ｆｅｄは緊急時にも流動性を大胆に供給できるのです。２００1年9月11日、アメリカで同時多発テロが起きた時、マンハッタンの金融市場は大混乱でした。その時、ニューヨーク連銀は担保資産を吟味する余裕はなかったのですが、危機に応じて流動性を普段よりもはるかに多く供給したのです。普段、週当たり貸出は2億ドル程度でしたが、ニューヨーク連銀には1日で４６２・５億ドルの資金の貸出要求があり、３８２・５億ドルを供給しています。もちろん担保をとり、この担保の価値がローンの額を超えるようにし、損失が出た時にそれを使う予定でした。

その場合、直接的には自己資本の損失を負うのはニューヨーク連銀ですが、最悪の場合には財務省が税金で損失をカバーするのです。財務省は中央銀行が最後の貸し手の役割を果たせるよう最終防衛ラインをしくのです（〈Heinsohn & Steiger 〉p.222）。

さらに注目すべきことに、Ｆｅｄはこの時、ＥＣＢとドル・スワップ協定を結びます（ドル・スワップの仕組みは図22、241頁を参照）。ＥＣＢはユーロ圏内の金融機関がドル債務を履行できるよう便宜を図ったのです。ＥＣＢは５００億ドルのファシリティを供給され、その内の２３５億ドルを引き出しましたが、３日で返済しました（〈FRS〉p.56）。

Q2 リーマン・ショックの後、アメリカが他国よりも回復が早いのは、金融危機対策上の違いのせいですか？

A 政府・財務省と中央銀行は異体同心。Ｆｅｄの対応の素早さや財務省との和而不同の関係が目立ちます。伝統的観念に縛られている中央銀行は今日的な金融危機には対応できません。

その心▼アメリカの変わり身のはやさ――取付におけるＦｅｄと財務省の見事なサインプレー

リーマン・ショックでＭＭＦが元本割れとなり、金融市場が凍結しました。ＭＭＦに取付が起きたのです。空前の世界的な金融危機リーマン・ショックは、銀行取り付けでなくＭＭＦ取り付けで起きたのです。

ＭＭＦ取り付けがなぜたいへんなのか？　ＭＭＦという公社債ファンドの主な運用先は欧州の銀

行の債券です。取り付けをうけたＭＭＦはこの債券を買わなくなります。すると欧州の銀行は資金繰りできなくなります。またＧＭなどが発行するＣＰやＡＢＣＰ（資産担保ＣＰ）も発行できなくなります。ＭＭＦは取り付けに備える資金を確保するため、保有資産を換金しなくてはならないからです。

このため金融市場が凍結したのです。ＧＭもダウンしました。金融資産を買う投資家が市場から消える。だから支払請求を受けた金融機関も、金融資産を換金できないので支払に窮する。特にＭＭＦの資金にドル金融を頼っていた欧州の銀行は真っ青です。こうしてリーマン・ショックで欧州の金融市場も凍結したのです（詳しくは〈米倉2009〉第2，3章，〈米倉2012〉119-122頁）。

そこでアメリカ財務省は異例の策を打ち出します。ＭＭＦを元本保証したのです。本来、元本保証のない証券のファンドのはずなのに。次にＦｅｄはＡＢＣＰ市場の安定化させるために資金供給の枠を設けます（〈BIS〉p.74）。

ＭＭＦは銀行にＡＢＣＰを売ります（図14）。銀行が安心してＭＭＦからＡＢＣＰを買うのにはわけがあります。このＡＢＣＰを財務省が元本保証したのです。本来元本保証がない債券なのに。

銀行はＡＢＣＰを買う資金をＦｅｄから低利で融資してもらいます（図14の上の二段目）。その場合、このＡＢＣＰ（もともとはＭＭＦが保有）がデフォルトしてもＦｅｄは銀行には支払い訴求しません。これをノンリコースといいます。

しかし、中央銀行が資金供給でノンリコースするのは異例のことです。中央銀行は安全確実で、

図14　MMF取り付け鎮静に向けた財務省、Fedの対応の手順

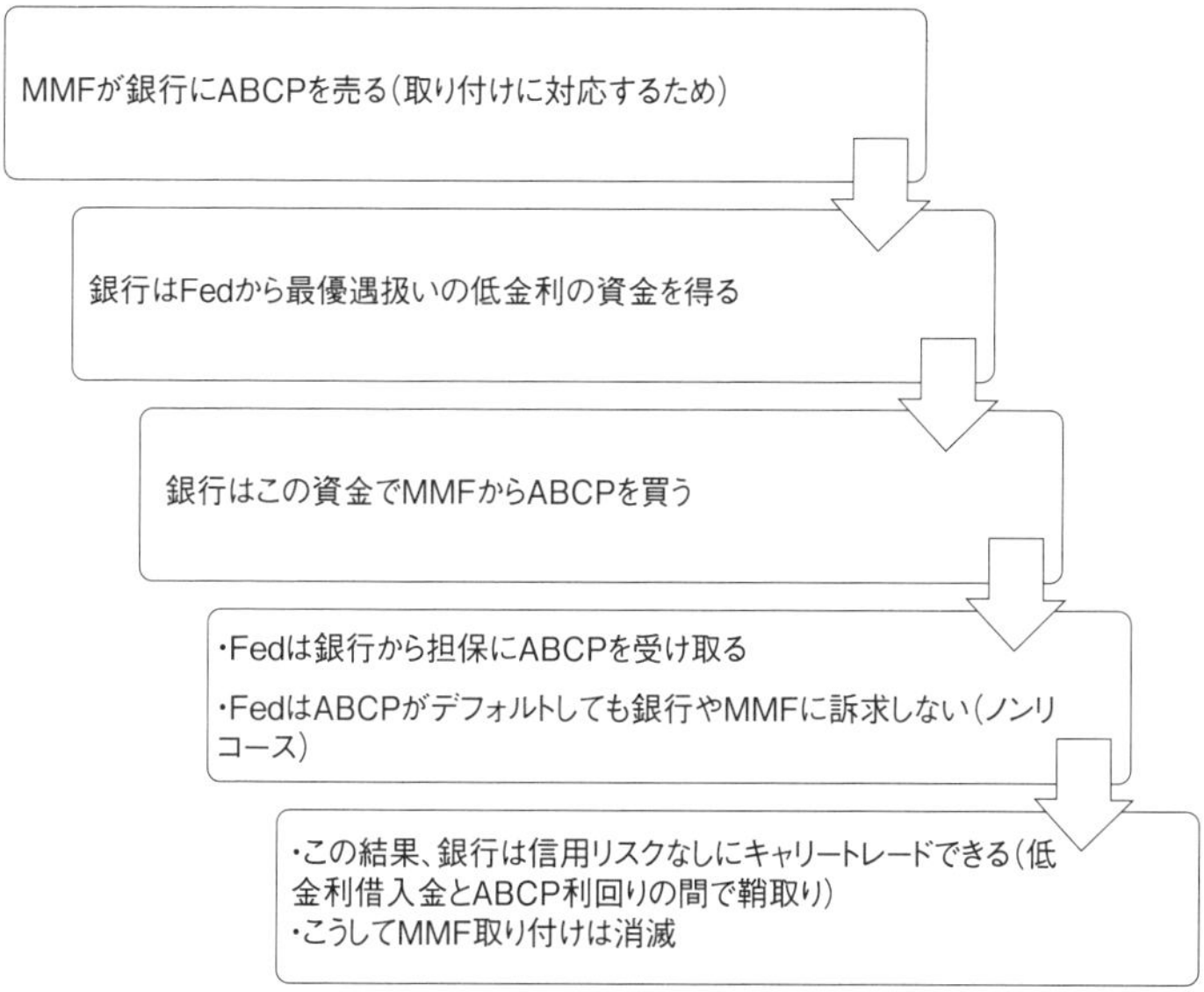
MMFが銀行にABCPを売る（取り付けに対応するため）
銀行はFedから最優遇扱いの低金利の資金を得る
銀行はこの資金でMMFからABCPを買う
・Fedは銀行から担保にABCPを受け取る
・FedはABCPがデフォルトしても銀行やMMFに訴求しない（ノンリコース）
・この結果、銀行は信用リスクなしにキャリートレードできる（低金利借入金とABCP利回りの間で鞘取り）
・こうしてMMF取り付けは消滅

（出典）〈BIS〉p.74

しかし流動性を欠いている資産を担保にして流動性を供給する。これが最後の貸し手としての基本的役割です。ところがＭＭＦ関連の債権については、不履行になった時も支払請求をしない。

　ではＦｅｄはなぜそのようなリスクをおかすのでしょう。その信用リスクも財務省が肩代わりするからです。ＭＭＦの中にあるＦｅｄの担保になっているＡＢＣＰがデフォルトしても、財務省がその分を補填するのです。

　ＡＢＣＰがデフォルトしてもＦｅｄから支払い訴求がないので、銀行は安心してＭＭＦからＡＢＣＰを買えるのです。そのＡＢＣＰ購入資金はＦｅｄからは優遇金利で借りることができ

る。この超低金利で利回りの高いＡＢＣＰを購入できる。つまり信用リスクなしにドル・キャリートレードができる（図14）。銀行にとってこんなおいしい商売はないでしょう。

だから銀行はＭＭＦが保有しているＡＢＣＰを安心して購入するのです。ＡＢＣＰの値崩れも起こらないから、ＭＭＦが元本割れすることもない。ＭＭＦは欧州の銀行の債券を購入できる。欧州の銀行はドル資金を確保できる、という流れです。

ところで財務省はＭＭＦを保証できる財源をどこから見つけたのでしょう。民間の債券に国が元本保証するわけにいかないはずです。議会もそのような新財源をおいそれと承認しません。

そこで当時のポールソン財務長官は金融版の月面宙返りをします。何と70年以上前の１９３４年1月に設置されていた為替安定基金（ＥＳＦ）に手をつけたのです。この財源をもとに、ＭＭＦ側からも保険料を徴収しながら、ＭＭＦを元本保証したのです。

その後ＭＭＦには元本割れはなかったので、保証料は全額財務省の収入となります。ＭＭＦ取り付け対策において、米国財務省とＦｅｄはみごとな連繋をみせたのです。


アメリカは金融危機対策の場合、迷いがない。建前などかなぐり捨てるのです。ＧＭ救済も異例でした。リーマンは救われませんでしたが、世界最大の保険会社ＡＩＧも支援を受けています。ＡＩＧはＦｅｄのオペ相手ではなく、預金・貸出しの取引相手でもないのに、Ｆｅｄから資金を供給されています。

Ｆｅｄにとって資金・決済を業としない機関が経営破綻しても、金融システム全体を危機に陥れるとは考えにくい。ところがＡＩＧはかなり事情が異なっています。ＡＩＧはサブプライム関連証券が詰まった特殊な金融商品ＣＤＯの価値保証をしていました。このＣＤＯの主な保有者はアメリカの投資銀行や欧州の銀行です。ＣＤＯは当時大幅に下落しています。この下落を補填する保証をしていたのがＡＩＧですが、リーマン・ショックで金融市場は凍結しており、ＡＩＧはＣＤＯ保証の資金を工面できなくなっていたのです。このＡＩＧが資金を工面できなくなるとＣＤＯを保有しているゴールドマンサックスなどのアメリカの投資銀行や欧州の銀行は一巻の終わりです。

このようにＡＩＧという、銀行や証券会社以外の広義の金融機関が金融システムに果たす役割が大きくなっていたのです。ＡＩＧを放っておくと金融システムを担う中核の金融機関が連鎖的に破綻する。これらが無秩序に破綻するのを放置してしまえば、世界的な金融システムや米国経済は危機に陥る。だからＦｅｄと財務省はＡＩＧを支援したのです。

アメリカの住宅金融公社ファニーメーとフレディマックも政府の救援をうけます。両社は２００８年９月７日、支払不能状態でした。モーゲッジ保証の損失を支払うのに十分な資本は持っていなかったのです。財務省はこれを国有化し、両社のすべての債務を保証します。こうして両社の発行する債券は保護されます。この債券は中国、日本など世界中に保有されています。だから、「そうせざるをえなかったのです」。「さもないと、世界中の投資家がそれらの債券を誇張でなく何千億ドルも保有していたので、危機は桁外れに激化する可能性があったのです」（〈バーナンキ〉134頁）。これがバーナンキの率直な説明です。

自立精神をうたい文句としているアメリカ資本主義ですが、これを局面局面で使い分ける術を心得ています。これに対し、かつて金融危機に直面していた日本では建前論が先行し、肝心の救済が進まなかった。それがバブル経済の破綻の後始末が遅れた理由です。景気維持と建前のいずれが大事なのか？　それを即断できるのがアメリカの強さでしょう。

世界経済は加速的に変化し複雑化することを止めません。金融の世界はなおさらです。欲望が渦巻き、熱狂とパニックが交互変転する世界です。だから既成観念だけで金融財政策を運営するわけにはいかないのです。

金融機関への資金供給と公的資金注入において中央銀行は財務省の財政政策と密接に結びついています。もちろん金融政策の独立性との兼ね合いも重要ですが、現代社会ではインフレよりもデフレのほうがはるかに怖い。だからデフレスパイラルに陥らないよう金融政策にも最大の注意を払う必要があるのです。中央銀行の中でＦｅｄの積極姿勢は際立っています。

ここで金融危機における中央銀行と財務省の役割の区分について再確認します。中央銀行は最後の貸し手として金融機関に流動性を供給します。金融機関の状態がそれ以上に悪い場合は財務省が資本注入をします。中央銀行の資本が傷んだ場合も同じです。したがって、財務省はいわば最後の貸し手に対する最後の貸し手の役割を果たすのです。

Q3 金融危機の際、アメリカでは中央銀行と財務省がしっかり連係する構図を確認しましたが、ユーロの場合はどうなっていますか?

A ユーロ圏全体の金融システムには大きな欠陥があります。ユーロ圏全体をカバーする最後の貸し手、また銀行監視・監督する機関、財政当局が見当たりません。これでは金融危機が起きた時、たいへんなことになります。

その心1▼IMFはそのような欠陥をユーロ誕生の時から指摘

IMFは1998年、ユーロ圏の中央銀行ECBに関し、重大な点に注視しています。ECBは通貨政策に集中する権限を与えられただけであり、銀行監督の領域では限定的な役割しかない。個々の金融機関への流動性支援の責務は何も規定されてない。共通通貨ユーロの場合、最後の貸し手の責務はEMU(欧州経済通貨同盟)のどこの機関にもおかれていない。危機の事態においても緊急流動性の供給を担う中軸的組織や調整機関がいない(〈Adams〉p.106)。国家当局はECBに対して銀行監督権限も委譲していないというのです(〈Adams〉p.107)。

これで一体どうやってECBは、ユーロ圏全体をカバーする金融市場の監視ができるのでしょう。ユーロ諸国をまたがって営業する汎ユーロ銀行の監督の責務も明記されていない。ユーロ圏に属する各国の中央銀行や政府は、国をまたがる広域な金融市場の不安を鎮める術がない。とくに決定的なのは、ＥＣＢには最後の貸し手機能が言及されていない点だというのです。

改めて強調しておきます。このＩＭＦのアダムスの指摘は１９９８年のものです。昨今のユーロ・ソブリン危機における危機対策の欠如を恐ろしいほど見事に予想・的中させた内容です。重要な指摘なので、その関連箇所を引用しておきます。アダムの複数というう名のとおり、アダム（政府）とイブ（中央銀行）の関連における欠陥をうまく衝いています。

「欧州全体にまたがる銀行グループが出現した時、一国レベルの中央銀行が汚染リスクを適切に評価できるのか、あるいは、それぞれの銀行の本国の中央銀行が簡単に確認できるのか、そのことが次第に問題になるだろう」

「さらに、最後の貸し手政策が集中統一されていないので、ＥＭＵ（欧州経済通貨同盟）の中では、管轄すべき対象範囲がバラバラになったり、金融危機を引き起こした金融機関に責任を負わせる方法においても、国により差が出てくるだろう」

「このようなことは持続しそうにもない。そしてＥＣＢはいずれ、危機管理と銀行監督において、主導的で調整機能的な役割を担わざるを得なくなるだろう」（〈Adams〉p.110）。

その心2▼ドイツ人もIMFアダムスと同様の指摘

ちなみに以上の指摘はＩＭＦのものであり、欧州通貨ユーロに対抗するドルの米国のバイアスがかかっているきらいがあるという人もいるでしょう。ところがユーロ圏内部の人（ブレーメン大学教授シュタイガー）も全くおなじ指摘をしているのです（２００４年）。

「ＥＭＵ（欧州経済通貨同盟）の中枢に財政上の権限を持つ機関がないことは、ユーロシステムに通貨政策上の権限を持つ機関がないことと同様、何時でも起こりうる金融危機が実際に起きた時にＥＭＵが存続できるか否かのアキレス腱になっている」（〈Steiger 2004〉 p.25）。

ここで誤解のないようにしておきます。なるほどＥＣＢには最後の貸し手の機能が明示されていません。しかし、ユーロ圏の各国それぞれの中央銀行には最後の貸し手機能はあります。ユーロ圏各国で、中央銀行が銀行監督に「全面的な責任」をもつのが、スペイン、アイルランド、イタリア、オランダ、ポルトガルです。「かなりの程度責任を持つ」のは、ドイツ、フランス、オーストリア。「特に関与しない」のが、ベルギー、ルクセンブルク、フィンランドの中央銀行だそうです（〈武田〉41頁）。

ドイツでも、ドイツ連銀には最後の貸し手機能は明示されていませんが、これはドイツに最後の貸し手の機関がないということではありません。ドイツ連銀とドイツ政府の関係は、米国のニューヨーク連銀と米国財務省のような関係にあるのです（〈Steiger 2004〉 p.25）。

その心3▼ECB理事も構造的欠陥の存在を認める

そしてECB理事クーレも、ユーロの欠陥を率直に指摘しています。EUの経済通貨同盟の「原罪」は、共通財政機関が弱く、経済インバランスを放っておいたことであり、銀行監督・強化の統合されたメカニズムがない点にあるといいます。後知恵になりますが、もっと考え抜いておくべきだった。一貫性のないプロジェクトに終わっていたというのです（2012年9月20日の講演）。

ユーロ・ソブリン危機が始まって以来、ユーロ圏にまつわる構造的欠陥が浮上したわけです。通貨政策は一体化しても、全般的な経済政策は一体化できないEMU（経済通貨連合）の弱点です。EMUは通貨同盟だけが先行した片肺飛行で発進してしまったのです。

なんということでしょう。金融危機がクロスボーダー化していたにもかかわらず、金融危機管理や金融部門の修復は、一国の当局に任されたままなのです。ユーロ圏全体の金融危機に対応する機関がないのです。

欧州委員会のパローゾ委員長も2012年9月12日、欧州議会で「銀行は国境を越えているのに、規制や監督や各国に残っている」（〈日経〉2012年9月13日）と嘆いています。ユーロ圏各国の財政健全化や構造改革、競争力強化、あるいは金融安定に関し、実効的に指導監督する組織がないままに統一通貨ユーロを導入した。そのつけが回ってきたのです。

Q4 ユーロ圏全体の共通財政組織のない共通通貨ユーロは一体、存続できるのですか?

A 最近になってようやく、この欠陥を埋めるために銀行同盟案も提起されています。銀行の監督がユーロ圏各国レベルからECBへと一元管理されるというのです。

その心▼その実効性はかなり薄い

しかし、そのためにはユーロ諸国は国家主権をさらに移譲し、各国の政策をユーロ圏全体でさらに調整させる必要があります。各国財政の一部も財政同盟に吸収し、将来的にはユーロ圏を軸にした欧州の政治同盟が展望されています。

でも、ユーロ圏各国の政治家は、主権、特に財政主権を委譲してまでユーロを維持させようとするでしょうか?

彼らは自身を選出した自国国民に責任を負うべきであり、自国国民を犠牲にしてまで他国の国民の面倒をみる必要性を感じるのでしょうか? 特に財政主権を手放す国がユーロ圏の中でどこにあるのでしょう? この主権移譲という問題をうやむやにして始めてユーロ導入が可能になった経緯があります。

Q5 ユーロ圏全体をカバーする銀行監督が展望されているということですが、ではそれに対応する財政当局は存在しますか?

A 存在しません。EMUというEUの経済通貨同盟は通貨同盟だけが先行し、経済同盟ができていません。財政同盟ができないのもこのためです。

その心1▼ユーロ圏には財政同盟がない

だから実効性をともなう銀行同盟ができるはずがないのです。ユーロ圏に財政同盟がないのは致命的です。金融危機やシステムリスク危機、銀行救済には財政負担を伴うからです。

ところが、経済通貨同盟を謳っているマーストリヒト条約は、財政政策を一国政府に任せているだけです。理由は簡単です。ユーロ圏各国政府が国民の預金を保証したり、同国に本店を置く銀行を救済することなどに責務を感じる限り、自身の国家的監視機関を保持したいはずです。連邦機関にそれを移譲させるわけにいかないでしょう(〈Goodhart〉pp.15-16)。

EMUには中央の財政当局がないのです。いかなる金融危機の場合でも、財政当局が最後の貸し手機能操作において最後の防衛線になるはずなのですが(〈Steiger2004〉p.22)、ユーロ圏には危機の時に緊急の流動性を供給する中央の供給機関がないのです。

最後の貸し手の機能はマーストリヒト条約にもＥＣＢにもＥＳＣ（ユーロシステム）定款にも言及されていない。物価の安定維持が最優先であって、安定的な金融と決済システムについて定款上の権限はないのです〈〈Steiger2004〉p.20〉。

同条約では国民国家レベルで財政健全が求められます。だとすれば、他国の財政危機を打開する術などない。となると、財政赤字国は他のユーロ諸国からは救われない。ユーロ圏諸国は同じメンバー国家の被った債務を負う義務はないのです。健全財政ルールに従わない政府は、他の政府から最終的に救済されることも期待できません。ＥＭＵにおいて、通貨ばかりでなく経済の同盟が進んだとしても、財政健全化は各国それぞれの政府の責務のままなのです〈〈Scheller〉pp.32-33〉。

その心２▼ＥＵの共通財源は乏しい

ユーロシステムが中央の通貨政策主体として機能できることを期待するとすれば、中央集権的で強力な欧州財務省が必要です。ところがブリュッセルに欧州政府があるといっても、それは欧州のＧＤＰのほんの２％を扱うにすぎません。だから、フランクフルトのドイツ連銀とベルリンのドイツ財務省や、ニューヨークのニューヨーク連銀とワシントンの財務省のような密接な関係はないのです。ましてやＥＣＢは政府から独立しているはずですから、協議すべき相手方となる政府もありません〈〈Heinsohn & Steiger〉p.247〉。

Q6 では、共通財源の乏しいユーロ圏で起こったたいへんな問題とは何ですか?

A ギリシャ財政破綻をきっかけに、ユーロ圏諸国の国債の安全性が疑われるようになり、国債が暴落し、これにつられて銀行も危機に陥る債務危機(ソブリン債務危機)が発生したのです。

その心▼ソブリン債務危機と銀行危機の解きがたい紐帯――国家債務危機は必ず銀行危機に結びつく経験則

市場が正常に機能している時、国家と銀行は蜜月の関係にあります。銀行は安全、流動性の高い資産運用先が必要ですが、この願いをかなえるのが国債です。だから国家は国債を売るのに苦労しない。両者には国債の安全性は揺るがないという暗黙の合意があるからです。

ところがユーロ・ソブリン危機が発生し、国家と銀行の蜜月関係はくずれます。国債の安全性が懸念され、国債と銀行株が二人三脚的に暴落したのです。国家財政の破綻の懸念から、国債の返済が疑われ、国債は暴落します。

その国債を大量に保有している銀行は、保有国債の損失に備える引当金を積み増さなくてはならない。銀行は利益を圧迫され、これが続けば、自身の支払能力の支えとなる自己資本が不足する。だから銀行株が下がります。そしてそのような銀行は市場の信認を失い、市場から資金調達ができなくなるのです。
銀行が資金繰りに行き詰まるのは、安全なはずの国債保有で損失を被るからです。ソブリン危機が加速されるのも、政府はすでに先の金融危機対策の銀行支援や景気対策で財政支出が増えており、借金を増加するわけにいかなくなったからです。ユーロ圏の場合、財政赤字にきつい縛りがあるのです。すると政府が突然、国債の発行・借り換えができなくなる、いわゆるサドン・ストップに陥る危険が出てきます。国家も銀行も資金調達できなくなります。国家と銀行はソブリン危機で運命を共にするのです。

Q7 ユーロ圏には統一的な財政機関がないのだから、ソブリン危機ではお手上げになりませんか?

A 現状のままではそのとおりです。そこでそのような共通財政組織に似た基金を急場しのぎにつくります(泥船ですが)。それによってソブリン債務危機を当面、回避します。

その心▼国債引受をしないはずのECBも結局、被支援国の財政規律を条件に国債購入に同意

国家の後ろ盾のないECBなので、当面、国家に代替する機構をこしらえ、それで国債危機を乗り切ろうというのです。それがＥＣＢによる南欧諸国の国債購入の導入の決定です（OMT：Outright Monetary Transactions, 2012年9月6日発表）。

この決定に至るまでには、ＥＣＢ総裁ドラギとドイツのブンデスバンク総裁との激しい対立がありました。ドイツ側は中央銀行による政府へのファイナンスを認めない立場だからです。

そこでＥＣＢは今回の決定に厳しい条件を付しています。ＥＣＢが購入する国債を発行する政府は、ユーロ圏の金融安定網基金ＥＳＭ（欧州安定メカニズム）に支援申請しなければならない。その場合、財政・構造改革を断行するという厳しい条件が課せられます。

その条件を満たせばＥＳＭは、発行市場で財政支援を申請した国の国債を購入します。支援の必要なユーロ圏の国の国債を、他のユーロ圏が共同拠出した基金が購入するわけです。これがあって、はじめてＥＣＢは流通市場で国債を買い支えるのです（傍点に注意!!）。

この場合、国債の流通市場と発行市場の区分が重要になります。基本的に国債市場対策はユーロ圏諸国政府が主導するものです。すなわち、国債の発行市場がしっかりしていなければ、流通市場で取引される国債の価格をＥＣＢが支えきれるはずがありません。この意味でＥＣＢは政府に代わり得るものでないのです（〈FT〉2012年10月5日：10月4日のECBのドラギ演説）。

国債が新発市場で売れなければ、流通市場の国債も売られまくるにきまっています。国債の発行市場で買うのはユーロ各国政府が拠出する基金です。ＥＣＢは流通市場でしか買わないというのです。

これがＥＣＢ総裁ドラギの言い分です。これで国の財政規律に歯止めをかけます。この歯止めという点では、ドラギとブンデスバンク総裁は一致しています。

しかしこれはＥＣＢによる新規国債の迂回的引受と変わりありません。新発の国債は市場で消化されても、ある程度期間が経てばＥＣＢは市場からこの既発国債を購入するわけですから。ＥＣＢは２０１２年９月の決定により、借入コストが上昇している国の流通市場で国債を無制限に購入できる。これでソブリン危機にある国の国債の暴落を止めるというのです。国債市場で最後の貸し手の役割を担うことを宣言したことになります。

この最後の貸し手の行動を、背後で保証しているのは国家資金です。発行市場を支えるのはユーロ諸国家の財政資金なのです。政府から独立している中央銀行の典型というＥＣＢの場合でさえ、結局は国家の後ろ盾を必要としていることになります。

Q8 日本と欧米の中央銀行の市場向けメッセージで大きな差がありますか？

A 重大な局面ではどちらの総裁の発言も市場にはっきり伝わる内容となっています。

その心▼「何でもやる」には含みあり

従来、日銀総裁の発言内容は市場へのメッセージ性が薄いきらいがありましたが、黒田新総裁のメッセージ（2013年3月4日国会発言）とＥＣＢ総裁ドラギの講演（2012年7月26日ロンドン）は、両方とも強烈に市場に伝わっています（図15）。

日銀の場合、この発言で円安と株高と金利安が進みました。ドラギの9月3日の最終的な声明でユーロ国債市場は安心し、国債市場の利回りも低下する方向になっています。

ただ市場はつねに早とちりします。ドラギは「何でもやる用意がある」と言う場合、それはあくまでも「ＥＣＢの権限内」にすぎないということを5回も使用したことを記者に念を押したはずでした。

ところが、報道では「何でもやる」だけが一人歩きして、「ＥＣＢの権限内」の箇所は吹っ飛んでしまいます。ドラギは、中期的に物価安定を維持するという権限内で、そしてユーロを安定的な通貨として保持するために、権限内で必要なことは何でもやるという話だったはずでした。

図15　「何でもやる」用意や姿勢を明示できる日欧中央銀行総裁

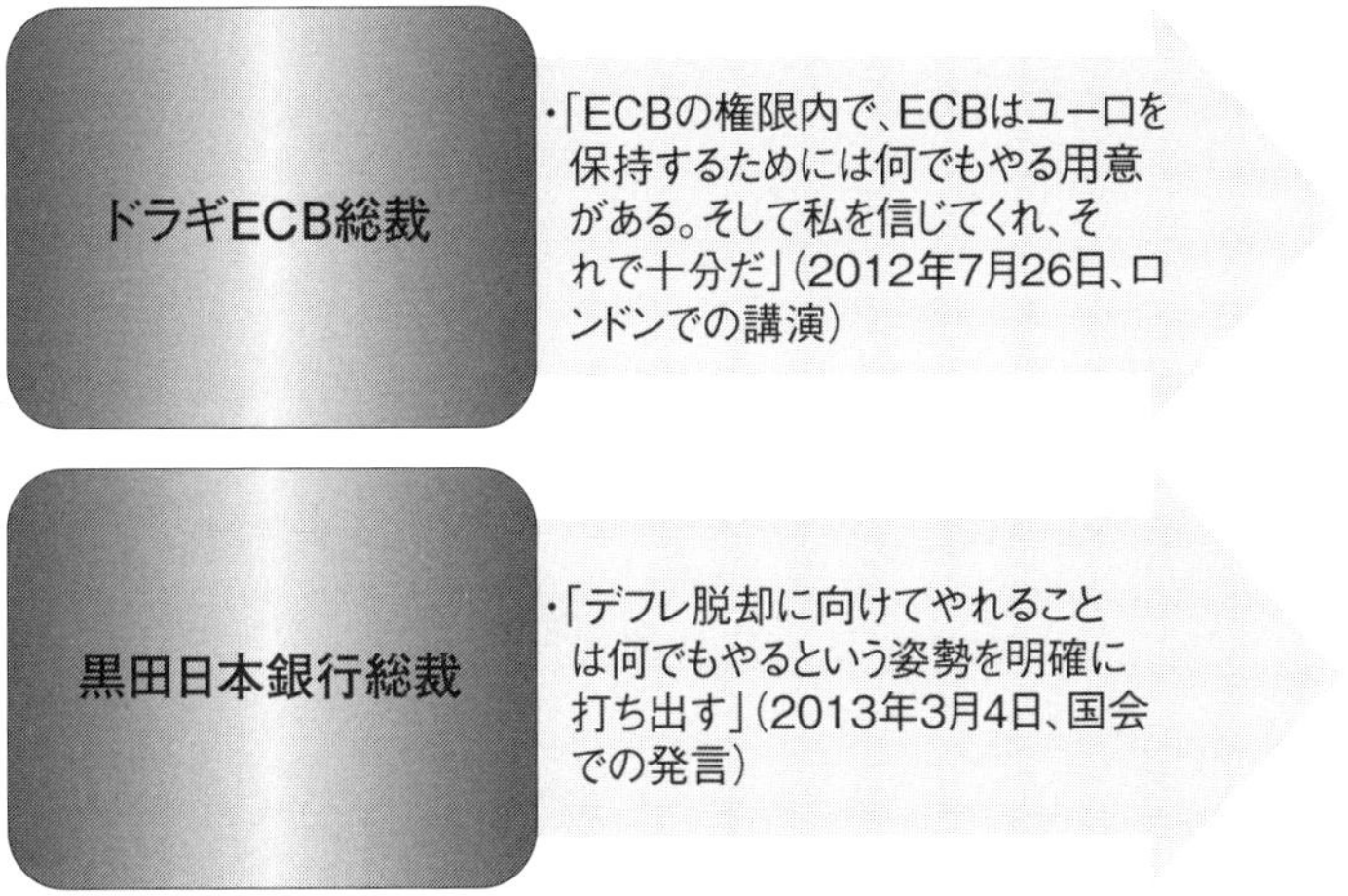
ドラギECB総裁
・「ECBの権限内で、ECBはユーロを保持するためには何でもやる用意がある。そして私を信じてくれ、それで十分だ」(2012年7月26日、ロンドンでの講演)
黒田日本銀行総裁
・「デフレ脱却に向けてやれることは何でもやるという姿勢を明確に打ち出す」(2013年3月4日、国会での発言)

もちろんＥＣＢ側もそのような報道姿勢を十分に承知していたようです。ＥＣＢのホームページでは、このドラギ講演は（一字一句変えないドラギ発言：Verbatim of the remarks made by MarioDraghi ）として再録されています。

Q9　日銀による株式購入は金融政策ですか？　財政政策ですか？

A　限りなく財政政策に近いのです。流動性供給でなく資本注入の効果を目的としているからです。株価対策ではありません。

その心▼日銀は日銀の仕事でないはずの資本注入を実行

図16　日本銀行によるバランスシートの膨張と資産買い入れ基金によるリスク資産の購入

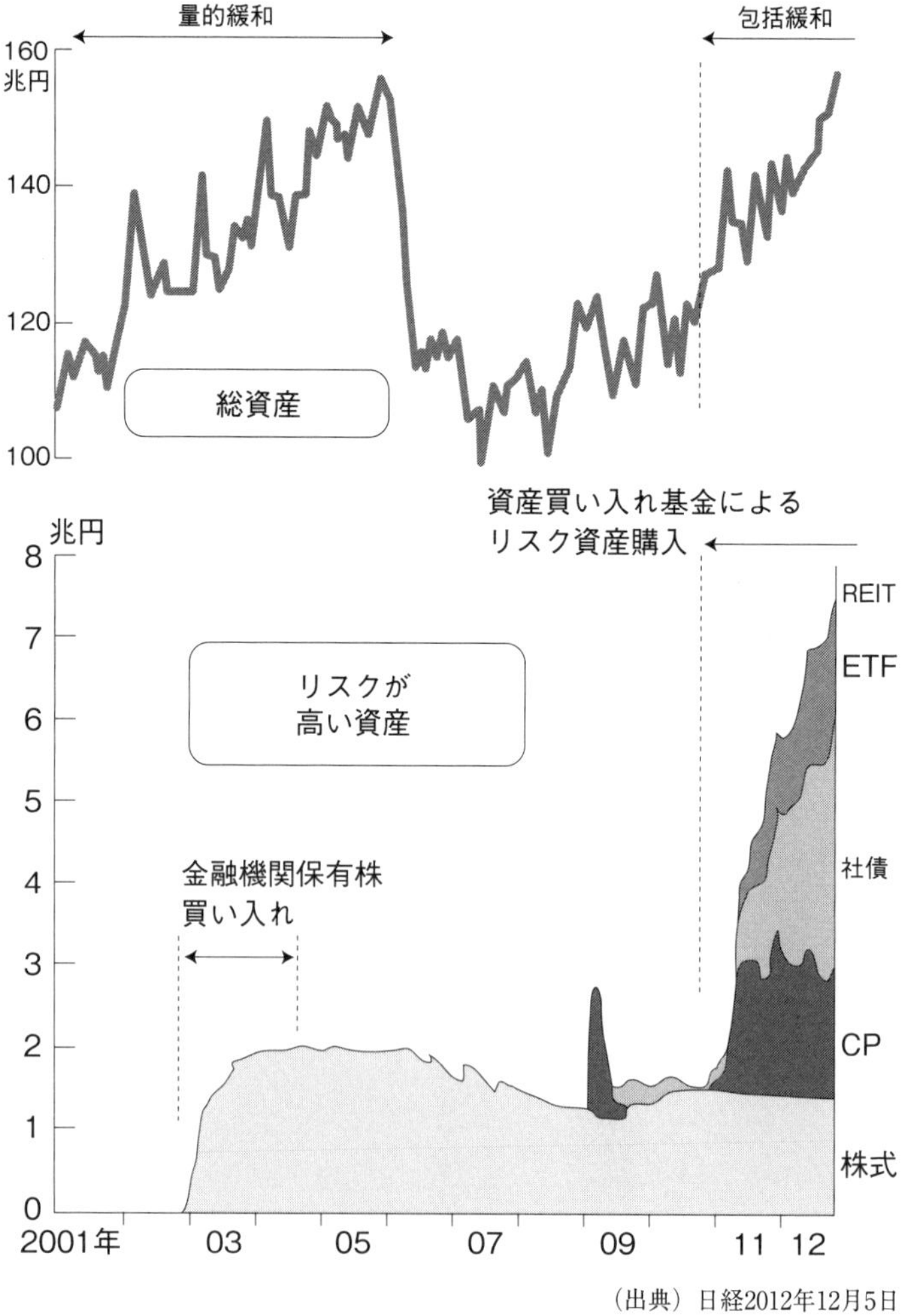

（出典）日経2012年12月5日

先ほど、中央銀行は金融安定のために金融機関に流動性を供給することはあるが、支払い不能になりかねない銀行へ資本を注入するようなことはしないと書きました。ところが、実際の日銀は自身の仕事でないはずの資本注入に相当することを行なっています。それが２００２年９月に始まった日銀による大手・地銀15行が保有する株の購入です（２兆円の枠）。

これは当時の総裁の速水によれば、「金融安定化への異例の処置」（〈速水2005〉131頁）です。図16のとおり、世界的金融危機の影響もあり、現在も保有継続しています。これを実施し始めた当の速水でさえ、中央銀行が民間銀行の保有する株を購入するのは聞いたことがなかったそうです。この銀行保有株式の買入は、通常の金融政策ではないのです（〈速水2005〉138頁）。

そして当時の速水総裁は、日銀が金融政策で株価を維持するのは「適当でないし、可能でもない」とし、政府が要求した上場投資信託購入などの株価対策とは一線を画していたのです（〈日経〉2013年1月30日）。

ではなぜ、株式買入は日銀の通常の金融政策と異なるのでしょう。この銀行保有株の購入は中央銀行通貨の供給（流動性供給）ではなく、金融機関の資本不足問題に対応する資本注入の効果を狙っているからです。民間銀行が曝される株価の価格変動リスクを中央銀行が肩代わりするものです。これは日銀による実質的な資本注入です。中央銀行通貨の供給にはなりません。しかし経済の安定に貢献することを目的としている点では同一です（〈白川〉159，369頁）。

株式購入策で銀行の自己資本を補強し、金融システムの安定を確保し、金融機関が不良債権問題の処理を確実に推し進めることができるための環境を整備するのです（〈速水〉176頁）。

資本注入ではないのにどうして銀行の自己資本の補強になるといえるのでしょう。たとえば政府が資本注入で民間の銀行の株を保有すれば、これは銀行の国有化です。その後、この銀行が国から株式を買い戻せば国有化から逃れられます。

日銀による銀行からの株式購入は、この資本注入を迂回してやるものです。日銀は銀行から株を買い取ります。銀行の株式保有含み益は銀行の自己資本になり、この保有株を買い支えると自己資本の補強になるわけです。そして後に市場が回復すれば、日銀はこの株を市場に売り戻す。買い手は市場の誰かであり、必ずしも当該銀行とは限らないでしょうが、資本増強の効果があるという点では資本注入に変わりありません。日銀が株というリスク資産を抱え込むのです。

しかし本来であれば、銀行へ資本注入する仕事は財務省の管轄です。ところが日本銀行は、金融危機の時は金融政策の枠をはみ出す処置を講じたのです。この株式購入は、政府の要請を抜きには語れない話でしょう。日本銀行の独立性は、金融危機の時と通常時のそれとは、かなり様相が異なるのです。


再度、確認しておきます。金融機関への資本注入は政府の仕事です。中央銀行は金融機関に資本注入でなく、流動性を供給する役割があります。民間の金融機関からの株式買い上げは流動性供給ではありません。実質、資本注入と変わりないのです。

ではなぜ、このような入り組んだことをしたのでしょう。筆者は勘ぐります。資本注入という財政政策の場合、議会の承認も必要であり、血税が使われるという国民の反発もあり、市場の動向への反応は金融政策よりも遅れがちです。しかし一応、中央銀行は政治から独立しており、国会にさらされる財政政策とちがい、機動的に市場の動向に対応できるはずです〈米倉2012〉119頁）。

またなぜ日本銀行は民間のリスク資産を抱え込むのでしょう。いざという時、政府が日銀の損失を埋めるという暗黙の了解があるからです。金融危機やシステム危機において、銀行救済には財政負担を伴います。中央銀行は民間から株式を買う場合、自己の債務証書で購入するのです。この中央銀行の債務を支えるのは購入する資産の価値です。しかもその主な資産は国債です。

しかし中央銀行自身の資本ではとても間に合わないでしょう。その資産価値があぶない。中央銀行は損失を受け、自己資本が食われる。それでは中央銀行として成り立たなくなる。それを埋めるのは国家です。だから日本銀行は、金融政策の枠を超える資本注入もやってのけたのです（図16の下半分）。

実際のところ、日銀の旧法では附則に政府による損失補填が記されていました。

3　国債管理上ますます財政政策にシフトしている金融政策

Q1

中央銀行による膨大な国債という資産購入策は、国債発行（国の借金）という財政政策と違いがあるのですか？

A

実質上、違いはなくなります。裏口からの財政政策になると言えばわかりやすいでしょう。

その心▼中央銀行が資産購入して資産を膨らませることができるのは、無利子で負債（中央銀行通貨）を発行できる独占的権限があるから

日銀にこの独占的権限を与えているのは、ほかならぬ政府なのです。日銀の利益は国庫に入ります。だから日銀の資産が傷めば、その損失のつけは結局、国、ひいては納税者に回されます。

では限りなく財政政策に近いことを中央銀行が行なう場合、どうやってそれに歯止めをかけることができるのでしょう？　一般の財政政策の場合、支出・資金調達では国会の審議というチェックがあります。一方、日銀による大量の資産購入の場合、そのような議会のチェックがあるのでしょうか？

国家は中央銀行のポケットに手を突っこむ癖がある、と筆者が皮肉る理由です。図9の老婦人の悲鳴を思い出してください。

Q2
2%の物価上昇達成をめざす超金融緩和政策で、長期金利が急騰し国債が暴落するリスクはおさえられるのですか?

A
超金融緩和が当面続いて経済が回復し、将来の財政赤字削減の道筋がハッキリ示されれば、当初国債発行が膨張しても問題はありません。ユーロ・ソブリン危機のようなことが日本では起きない理由から、それを説明しましょう。

その心1▼国債相場が過熱して市場が混乱することは何度もあるが、国債が暴落してユーロ圏の銀行のように資金繰りに窮したり支払い危機に陥るような例は日本では一度もない

国債市場の混乱では、1987年9月のタテホ・ショックが有名です。売上高60億円弱の企業のタテホ化学工業が1000億円の規模の債券の財テクに失敗し、200億円の損失が発生し、債務超過となりました。

当時、債券先物市場は発足して2年足らずでした。出来たての市場で銀行と証券が債券ディーリングで短期売買をくり返す競争にはまりました。その結果、国債は持続不可能な水準にまで買い上げられる狂乱相場になります。だから急に冷えるのも早かったのです。

国債指標銘柄だった89回債の利回りは、87年初めから低下して5月に2％台をつけ、それから反転し、10月までには6％台となります。まさに相場はジェットコースターだったのです。

外国人はすでに87年4月に、日本国債を売るようになっています。彼らは債券バブルの崩壊を的確に読み切っていたのです。過熱状態にあった市場で、国債決済期間を短縮する構想が出されたのも、市場が急激に冷える要因になりました。決済期間が短縮されれば、高いレバリッジをかけているトレーダーが自由に自己売買できる期間も縮まります。ちょっとした材料でも、過熱した相場にとっては暴力的な調整の要因になるのです。タテホ化学工業には、外国人投資家の動勢や決済短縮の動きの情報がよく伝わっていなかったのでしょう。

98年の小渕政権では、財政刺激政策の中で大蔵省の資金運用部が国債買入の中止を表明したとき、金利が急騰しました。国債の有力な買い手が減るわけで、これが財政の懸念材料とされ、市場で売りが優勢になったわけです。

2003年には、銀行が国債の買いすぎで利回りが下落し、銀行のリスク管理モデル上、国債の価格変動リスクが急拡大します。このために反動売りが起こり、金利が上がりました。銀行のリスク管理が裏目に出たのです（〈日経〉2012年12月23日，2013年2月22日）。

いずれの例も、特定の市場におけるバブル現象によくみられることです。以上のような国債波乱要因は、欧州のソブリン危機による国債相場暴落とはまったく内容が異なるということです。前者はテクニカルな問題にすぎませんが、後者はユーロ圏の構造的問題から起きた話です。表面の類似性だけみて大騒ぎする話ではありません。

とはいっても市場の参加者は、つねにリスクに鈍感・過敏の繰り返しを重ねていくものです。この点、米国クリントン政権時代に財務長官であったルービンが面白い警句を残しています。「集団行動を反映した市場というのは、両極端に暴走する傾向があるのだ。人間は暴走しがちな生き物だからである」（〈Rubin〉〔訳〕267頁）。

その心2▼ユーロ圏の銀行は自己資本不足が解消されていない。一方、日本の銀行は、そのような問題は解決すみ

超金融緩和の継続で、国債価格は上がる傾向になります。だから国債を大量に保有している銀行も打撃を受けない。景気が回復すると国債から貸出へシフトしていくのです。だからユーロ危機の日本版は起きません。

ユーロ圏の銀行の問題とは、自己資本が過小のまま過大に借金をして流動性の低い不動産などの資産運用に走り、身動きがとれなくなったことにあります。いわゆる過大なレバリッジの問題です。

20年以上まえに土地バブルを経験している日本の再現です。そのバブルに懲りた日本の銀行は、現在のユーロ圏の銀行ほどレバリッジに走ってないのです。

銀行が国債を大量に保有している状況を調整する時に、国債相場には波乱が起こるでしょう。しかしそれがユーロ型のソブリン危機と銀行危機が同時発生する状況をもたらすものでありません。日本の銀行のほうが体力がついているのです。

日本の3メガバンクは、リーマン危機以前の08年の3月期に比べ総資産は14％増加していますが、自己資本比率の算出基準となるリスク資産は22％減っています。貸出が3％減り、その一方、国債残高は2・5倍に増加しています。国債、現預金は約130兆円を保有していますが、この額は何と貸出の約6割です。

そして景気が上向き企業の資金需要が増加すると、銀行は資金の運用先を国債から貸し出しにシフトさせるでしょう。その反面、国債というリスク・フリー資産が減るので、自己資本比率は下がります。理論上、自己資本規制比率が邦銀の貸出を抑制することになります〈〈日経〉2012年12月23日〉。しかし景気がよくなれば利益が増え、その分、自己資本は厚くなり、貸付余力は増えます。

そして日本銀行が超低金利を長期間維持するという姿勢を市場が確信すると国債は高くなります。その間に景気が回復するのを待ちます。国債の値段が上がり、利回りが下がるので、他の金融商品の魅力が増します。すると資金はそちらに向かいます。だから株等リスク資産の価格が上がるのです。

日本の企業には手元資金だけで63兆円もあります。日本の銀行には余剰資金が累積し、これがリターンの高い運用機会をうかがっています。その機会がふえるまでは当面、国債購入ですまします。景気がよくなると民間資金需要が増加する（政府の責任でそうしなければならない）。すると銀行は保有している国債を減らすでしょう。それが一時に市場に流れると、国債は暴落する可能性が出てきます。

それを阻止するのが日銀です。超金融緩和の本質はここにあります。銀行から市場に放出された国債を日銀が買い支える。それを満期まで抱える。しかしそれまでに景気上昇で国庫が増収となれば、国はこのお金で国債を買い戻す。そうしていくうちに、日銀はバランスシートを縮小するのです。

したがって国債相場の安定は、政府の積極的財政政策による景気浮揚とそれにともなう税収増加が成功するか否かにかかっているのです。成長戦略を謳っているアベノミクスの真価がここに問われているのです。

その心3▼デフレを脱却すれば国の借金負担は軽くなる

図17を見てください。左図の通り、日本の国の借金の対ＧＤＰ比率は非常に高い。先進国では最悪の比率です。しかしこれをよく考えてみる必要があります。日本だけがデフレです。他の先進国はマイルドなインフレです。そこで物価上昇でデフレ圧力が緩和すればＧＤＰも膨らみます。図17

図17　日本の国の借金はデフレ脱却すると債務負担比率が急減する構図

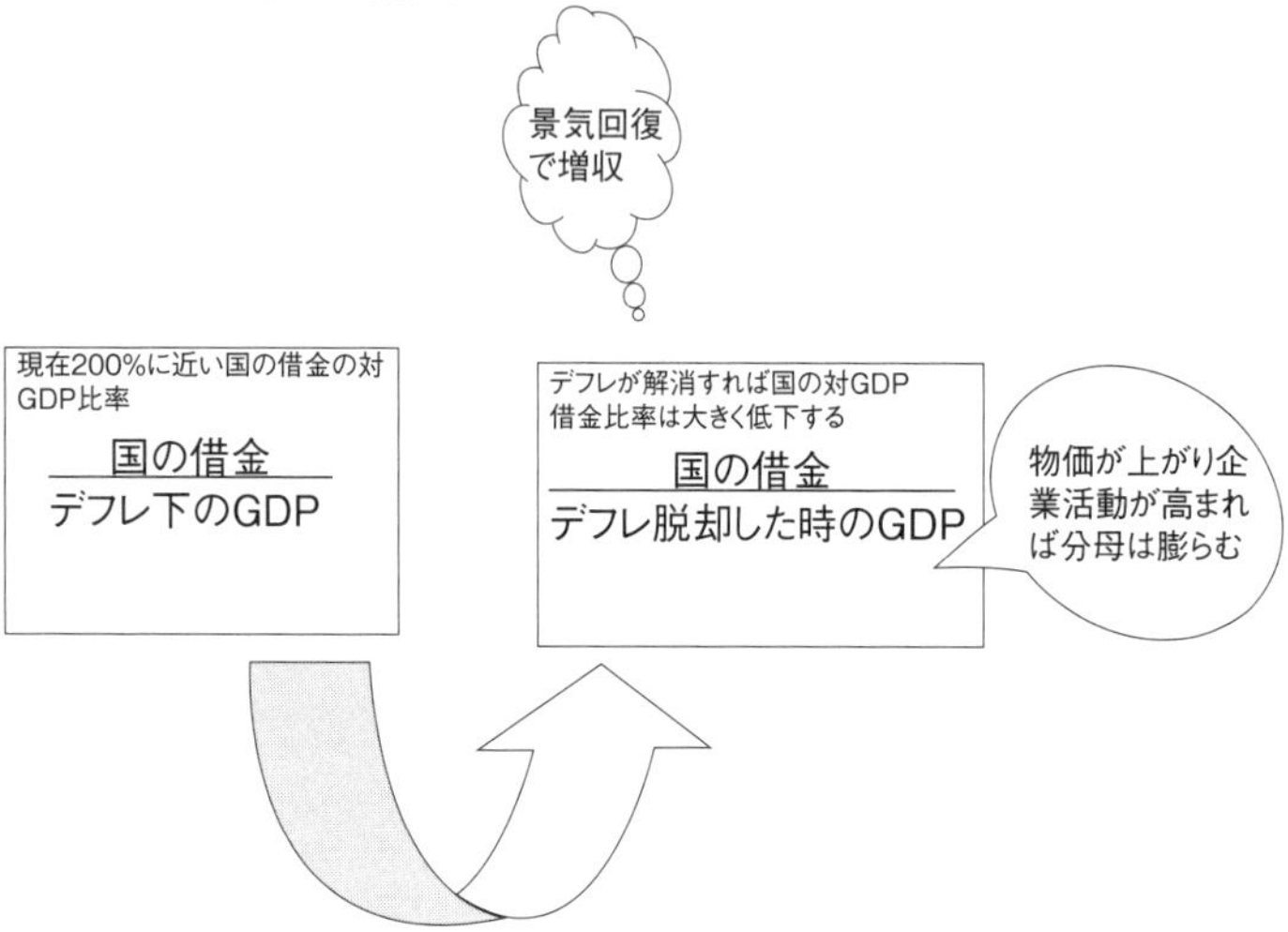

の右の長方形の中にある分母はデフレを脱却した時のGDPです。物価が上昇した分GDPは増えます。デフレを脱却すれば、税収も増えて国の借金の返済も進みます。膨らんだ資産で借金を返済するレバリッジ原理の応用です。給料なども上がり、消費が活性化し、景気は上向き税収が増えるのです。マイルドなインフレが進んでいる国の国債と日本の国債の信頼度において日本のほうが高いのは、デフレが解消されれば日本の名目上の財政赤字の負担は軽くなるという状況を市場が織り込んでいるからです。

その心４▼日本の財政はポンジーファイナンス（ネズミ講）ではない：ミンスキー金融の応用

金融不安定理論で有名なミンスキーは信用の進展を3段階に区分しています。①「ヘッジファイナンス」、②「投機的ファイナンス」、③「ポンジーファイナンス」です。

①「ヘッジファイナンス」：この時期の資金調達では現金フローが確実に見込まれ、借り入れの返済に十分な額を確保できる。

②「投機的ファイナンス」：この資金調達の場合、①と違い、借りたお金を返済するのに十分なキャッシュフローは見込めない。しかし、期待されるキャッシュフローは、借り入れた現在の残高よりも大きい。そのため、流動性の状態が良好であり続けるかぎり、すなわち、借入し続けられるかぎり、この調達方式の人は既存の借金を返済できる見込みが高い。

③「ポンジーファイナンス」：既存の借金の元本どころか利子も払えなくなる状態です。既存の利子を返済するために新たな資金を高い金利で借りる。これはいわゆる借金地獄の典型です。いわゆるネズミ講の状態です。

ポンジーファイナンスの場合、すぐに入ると見込まれるキャッシュフローは、借金の元本どころかすぐに返済しなければならない利子よりも少なくなり、既存の借金に新たな借金の利子も重なり、新旧の借金がふくれあがり、もう払えなくなります。高金利でだまして、借りた金で支払い不能を隠蔽しづける。しかし新たな貸し手もだませなくなる。次に新たにだませる貸し手が見つからなくなるからです〈Mynsky〉pp.66-67)。

さて、日本の国の借金はミンスキー金融の①~③のどれに該当するのでしょう。②の後半の段階です。それは、期待されるキャッシュフロー（すなわち将来の国の税収）が現在の借金残高（すなわち国債発行残高）よりも大きいと見込まれるからです。経済成長がそれなりに期待されているのです。

ところがこの期待がしぼむとたいへんです。それが2011年夏のイタリアで起こりました。ベルルスコーニ首相の財政改革の杜撰さとイタリア経済の長年の低成長とが重なり、第2のギリシャを連想させてしまったのです。このため外国人投資家はイタリア国債借り換えに応じなくなり、流通市場でも国債が売られ、新規発行もできなくなりかけたのです。

さすがにポンジーというイタリア系の詐欺師の名前と結びつきやすい国です。しかし日本の場合、イタリアになっていないのです。③の例はもちろんギリシャです。

Q3 日本が国債を増発し続けると国債が暴落する。そう予想するヘッジファンドは日本の国債売りをしかけないのですか？

A ヘッジファンドの中で日本の国債暴落にかける人は少数派のようです。

その心1▼日本では積極的金融緩和が進行する

日銀の新体制ではますますそうなります。新総裁などは物価引き上げのために日銀は金融緩和をもっと進めるべきであると主張し続けています。

13年度予算では国債利払い費は9・9兆円です。12年度並みに抑えられています。国債が増えるのであれば利払い費もふえるはずです。しかしその逆に利払い費予算は減っています。なぜそうなるのでしょう? 利払い費の想定金利が12年度の2・0%から1・8%に引き下げられているからです。

これは安倍政権が積極的な金融緩和政策を続けるということを織りこんでいるからです。安倍政権のもとで国債の利回りが、さらに低くなるという想定です。とはいえ、安倍政権は他方で2%の物価上昇を目標にしています。物価が上がれば長期金利は上がるはずです。

にもかかわらず、政府は国債の想定利回りを下げている。それは積極的な金融緩和により一般の物価上昇→金利上昇という径路を断ち切るという決意の現われでしょう。

もう一つ問題が出てきます。政府の資金繰りの方法です。13年の国債発行総額は約170・5兆円。当初予算でみると5年ぶりに前年度を下回っています。これは国債の償還にそなえる国債整理基金を転用してからです。

この基金(規模は10兆2千億円)の目的は、災害やシステム障害が起こり、国債を発行できない事態に備えることです。13年度予算ではこの基金から7・2兆円が取り崩されました。

では政府は緊急の時、どうやって資金繰りするのでしょう? 最小限に絞った基金はもう取り崩せません。となると日銀から借りるしかありません。法律上、政府は日銀から一時的に借入できます。しかしこれは政府への財政赤字ファイナンスにはあたりません。とはいえ、この短期借入が更新され続け膨らむとどうなるでしょう？　日銀の財政赤字ファイナンスと違いはなくなります〈《日経》2013年1月31日、2月2日、27日〉。

政府はこのようなやりくりをしながらも金融緩和を推進させるのです。実際、市場は金融緩和は進行すると読んでおり、国債をどんどん買っています。日銀の国債買い入れも増加します。また日銀はバランスシートに国債を取り込む余裕があるという予想もあります。各国国債残高にしめる中有銀行保有分は米国は18・3％、英国は32・5％、日本は12・7％です。したがって、日本の場合、国債購入の増加を中銀にやらせる可能性が高いというのです〈《日経》2013年2月26日〉。

だから市場では国債に空売りをかけて一儲けを企むヘッジファンドも少数派です。〈FT〉2月19日付けによると、日本の来年度、25兆円の5年物国債の償還期限を迎えます。この国債の加重平均金利は約1％です。現在手にできる利回りの約6倍に相当します。

この場合、投資家は単純に入札を6倍にして利益を一定にするのか？　それとも長期国債を買い増して、少しでも多くの利益を得ようとするのか？　いずれの場合も、投資家は国債相場を強気に見ているので、国債を買い増すでしょう。

このかぎり、財政支出が増えても日本の国債市場が低迷する兆しは出てこないでしょう。不思議な感じもしますが、むしろ今後1年間は、国債の需給は逼迫感が強まるそうです。それは日銀が今後も異例の金融緩和を続けると予想されているからです。金利が急上昇するのは日本がデフレによる景気低迷の脱出の兆しが出始める時のことになります。ヘッジファンドは長期国債利回りが6～7％に上がると見る投機に賭けているものの、彼らの勢いは1年前よりも衰えているそうです。日本の「破産」のシナリオは広がっていないそうです〈《FT》2013年2月19日〉。

中央銀行と財務省の連携のある国の国債は安心して買われるのです。だから日米の場合、財政赤字が膨張しても国債は世界中から買われ続けられるのです。

その心2▼国債価格の安定は民間の銀行にとっても死活問題

民間の銀行は自己資本比率維持のための安定的資産として国債を保有しています。国債価格が安定せず暴落すると、他の金融商品の価格も強い下落圧力を受けます。これでは資産デフレになります。資産デフレが進むと、一般物価もただではすみません。

国債暴落を放置しておくと銀行の自己資本はますます減損する。銀行自身の増資によっても、あるいは国家による公的資金導入による資本増強であっても、国債価格が下げ止まらないと、銀行の自己資本の毀損は止まない。これは銀行の支払い危機を招きます。銀行の資本をいくら強化しても、自己資本が食いつぶされる事態が続きます。これがユーロ圏の政府と銀行に起きたことです〈《米倉2012》109-111頁〉。

この暴落を抑えられるのは中央銀行しかいないはずです。国債市場で中央銀行が最後の貸し手として国債価格支持政策を実行するのです。

中央銀行の「最後の貸し手」の役割は、支払い能力のある銀行が一時的に流動性不足に陥っている場合には、これに惜しみなく流動性を供給することです。具体的には流動性供給とは、民間の金融機関が保有する金融商品を買い上げることです。この金融商品の中に国債が入っても、流動性供給という「最後の貸し手」の原理に変わりないはずです。「国家債務危機はいつも銀行危機に行き着くものである」という金融界の格言があります〈〈米倉2012〉114-115頁〉。

国債が暴落し、銀行の自己資本が急減して支払い能力も危なくなるという局面で、中央銀行が国債を買い入れてしまえば放漫な政府金融を助長するという議論があります。たしかにこれは正論です。

しかしその正論にこだわっていたのがユーロのＥＣＢでした。だからＥＣＢは２０１２年９月にそれを大転換し、南欧諸国の国債を流通市場で無制限に購入する決定を打ち出したのです。その反対に、国債の暴落を止める者が市場にいなくなれば、国債保有者は借り換えに応じず、売り逃げようとします。投機家も安心して国債の空売り投機をしかけるでしょう。

その点、日本は財務省出身の日銀新総裁が超金融緩和を続けると意思表示しています。国債相場が下落してもそれを食い止める中央銀行がいるということです。だからヘッジファンドも手をださないのです。

第5章

金融緩和政策で一周遅れのトップランナーが本当のトップランナーに変身できる

日本の財政金融政策のＤＮＡ

Q1 日銀は他国の中央銀行にくらべると金融緩和で消極的であると批判されていますが、実際はどうなのでしょう？

A たしかに批判されやすい実績です。世界的金融危機の対応では、日銀は数値上非常に遅れています。しかし、実際には日銀こそがトップランナーなのです。

その心1▼実は日本銀行こそが非伝統的政策（量的金融緩和）の導入のパイオニア。しかしこの政策の効果という点では、一周遅れのトップランナー。特にデフレ対策で遅れ

日銀は金融緩和政策のトップランナーのはずなのに、なぜ一周遅れのトップランナーにされてしまうのか？　その事情を説明してみましょう。

図18をみてください。２００８年のリーマン・ショック勃発後、４つの先進国の中央銀行のバランスシートが膨張していく経緯が示されています。日銀以外の中央銀行は資産買い入れを急増させています。リーマン・ショック対策のためです。

Ｆｅｄの資産は、リーマン・ショック以前は1兆ドル未満。それが08年12月には2兆ドルを超え、12年9月には3兆ドルになっています。金融緩和が金融の安定性、景気回復、雇用創出につながるようにしているのです。

図18　日米欧の中央銀行のバランスシート膨張の状況 (2008－2012年4、5月)

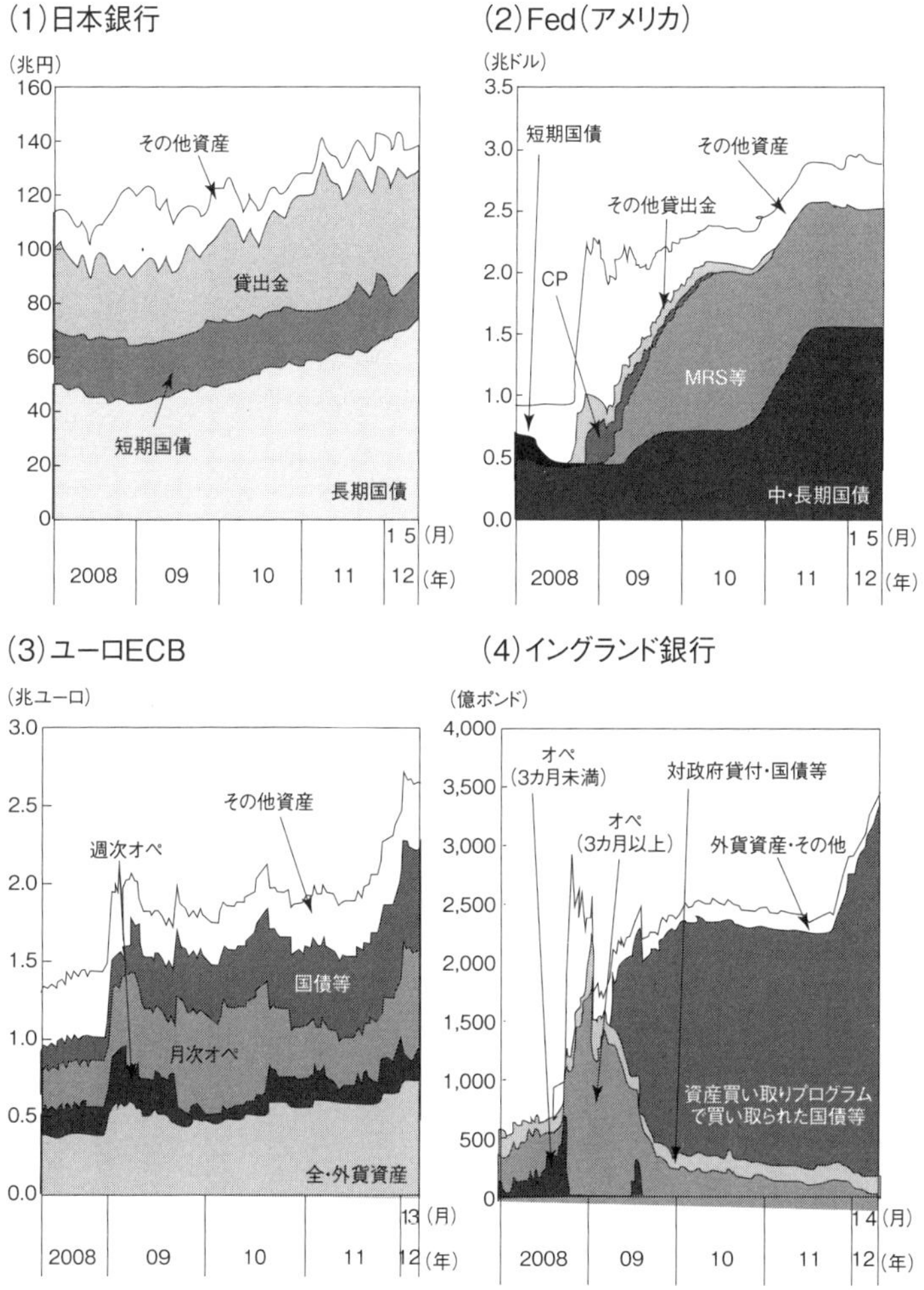

(出典)〈内閣府〉273頁の図より

Ｆｅｄは12年1月に2％物価上昇を中期的目標とし、失業率目標も設定しています。Ｆｅｄ議長バーナンキは12年12月13日、「物価上昇率が2・5％を上回らない限り、失業率が6・5％に下がるまでは、事実上のゼロ金利政策を続ける」としたのです。物価上昇がマイナスになるデフレを回避するためです（失業率は13年2月が7・9％）（〈日経〉2012年12月14日、2013年2月27日）。

Ｆｅｄの対応の速さが目立ちます。物価と雇用の最大化の2つの目標を設定するＦｅｄと、雇用を目標に上げていない日銀やＥＣＢの間には大きな差があるのです。もちろん金融政策だけで失業率をコントロールできるはずがないことはバーナンキはほかの誰よりも承知しているはずです。金融安定も中央銀行だけでできるものでないのですから。

Ｆｅｄに比べ日本銀行のバランスシートの増加は非常にゆるやかです。これだけみれば、日銀は怠慢であるという印象を持たれるでしょう。しかしそれは不当な見方です。

このような差が出ているのは、日本ではリーマン・ショックの打撃が相対的に小さかったからです。これに対し、欧米の場合は大きかった。だから欧米中央銀行はなりふりかまわず資産購入を膨張させ、市場の混乱を防ぐのに躍起となった。しかし日本の場合、銀行は過大なレバリッジに走っていなかった。だから金融危機対策としての日銀のバランスシートの膨張は比較的軽度だったのです。

その心2▼日銀こそがバランスシート膨張のトップランナー

日銀が遅れてみえるのは、2008年以降の話です。日本銀行は欧米の中央銀行よりずっとはやく金融緩和をしているのです。図16（174頁）を再度、ご覧ください。12年12月のバランスシートの規模は05年12月のそれに近かったことが明示されています。だから日本こそが金融の量的緩和のトップランナーだったのです。

そうなっていたのは、05年当時までは日本は不良債権問題の処理に追われており、日本銀行も金融緩和政策を拡大していたからです。他方、その時期の欧米は「大いなる安定」の時代であり、金融資産価格が急騰していました（日本は置きざり）。欧米の中央銀行は民間の金融機関を救う必要がないから、バランスシートは膨張していなかったのです。

日本の場合、不良債権の処理問題がありました。それが一段落すると、この政策の規模は縮小します（図16の2005年12月から2007年までの動き）。しかし不良債権問題や金融危機があれば、中央銀行はその対策に追われる。だから欧米の場合、08年以降、中央銀行のバランスシートが膨張したのです（図18）。

このように日本銀行こそがバランスシート膨張のトップランナーだったのです。日銀は金利でも量の面でも、他の国の中央銀行でも史上例をみない金融緩和政策（〈速水2005〉112、129-131頁）をとっていたのです。

白川前総裁はこれを「孤独な先頭ランナー」と呼んでいます。先進国でいち早くゼロ金利政策の導入していたからです。しかし08年のリーマン・ショックで非伝統的政策が先進国では当たり前になります。こうして「孤独な先頭ランナー」はたちまち一周遅れのトップ・ランナーになってしまったのです。

その心3▼日銀は超金融緩和政策で欧米の中央銀行の反面教師

２００８年以降、欧米の中央銀行の対応は実に迅速です。なぜでしょう。資産バブルの破裂で失われた10年以上を経験している日本の例に学んだからです。日本のようになってはならない。資産バブル破裂を放っておくとデフレが続く。日本病を回避するためには、中央銀行はすばやく対応しなければならない。欧米の中央銀行はそう考えたのです。この意味で日本は欧米の中央銀行のよき反面教師を演じたのです。

世界ではじめてゼロ金利政策を導入した日銀ですが、10年10月からは「包括的金融緩和」をはじめます。資産買い入れ基金を導入し、総資産に占める国債は１１１兆円。全体の7割を占める。貸付金が30兆円でこれに続く。しかも、05年に比べリスク資産の保有が急増しています。株式ばかりでなく、上場投資信託（ＥＴＦ）とか不動産投資信託（ＲＥＩＴ）などのリスク資産も購入しています（２０１２年12月5日の分）。

このリスク資産購入は図16のとおり合計8兆円近くで、05年の約4倍です（日銀の12年度の中間決算では、外貨建て資産や株式の評価損で過去最大の２３２９億円の赤字を計上）。

図19　アベノミクスで金融政策はますます財政政策にシフト

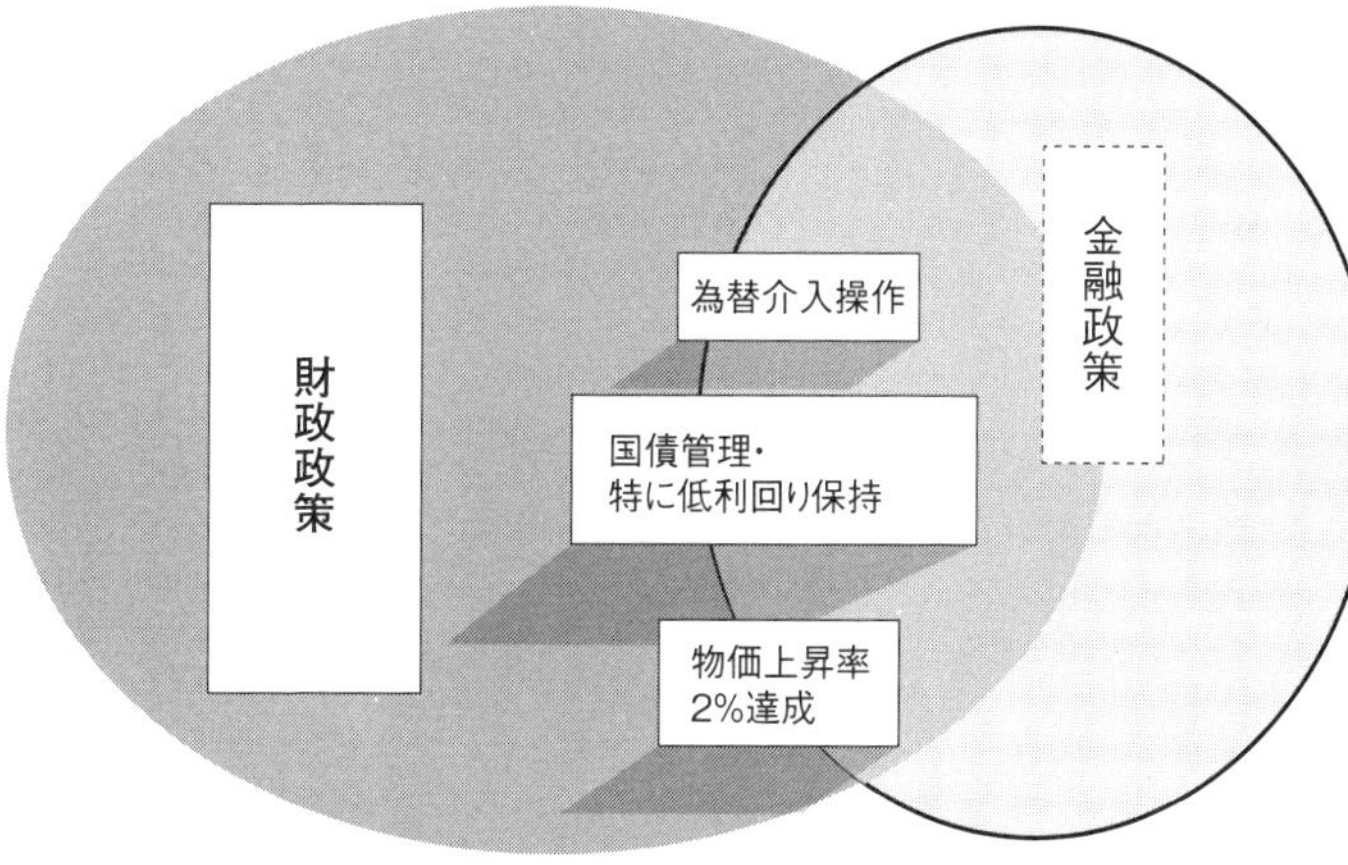

こうして日銀のバランスシートは過去最高の水準になっています（以前は２００５年12月）。日銀のマネタリーベース（バランスシートの膨張の状況）は、ＧＤＰでみると２月の27％が12月には36％に上昇します。Ｆｅｄの17％、ユーロ圏の16％に比して何の遜色もありません。しかしこれでも10年以上続くデフレから脱却できていません（〈日経〉2012年12月5日、13年3月5日）。

　こういう状況に業を煮やしているのが、安倍晋三首相です。２０１２年12月26日の首相就任後の初の記者会見で、「危機突破内閣を組織した」と発表しました。デフレを脱却する決意表明なのでしょう。ここに後に「アベノミクス」と呼ばれる経済戦略が打ち出されます。

「内閣の総力をあげて大胆な金融政策、機動的な財政政策、民間投資を喚起する成長戦略の三本の矢で力強く経済政策を進めて結果を出す」と強調したのです（図19参照。〈日経〉2012年12月27日）。

とはいえ日銀の金融緩和の規模も割り引いて考える必要があります。先ほど、日銀のバランスシートの膨張は対ＧＤＰでいえばＦＲＢの17％、ユーロ圏の16％よりもはるかに進んでいると指摘しておきました。しかしこれは分母となるＧＤＰがデフレで小さくなっている事情を考慮する必要があります。分母が収縮しているからこそ、日銀のバランスシートが欧米のそれよりも大きく膨張しているように見えるだけのことです。日本は15年も続くデフレに晒《さら》され続けたＧＤＰであり、欧米はデフレを免れているＧＤＰなのです。

Q2　日本の金融政策は、世界の潮流に乗り遅れることがおおいのですね？

A　その見方は半分は正しく、半分はまちがっています。非常に先進的な政策を敢行することもおおいのです。一例が戦前、1930年代の井上準之助デフレ財政と高橋是清リフレ政策です。両者ともに日本銀行総裁だったときもあり、ともに暗殺されています。

その心1▼デフレ財政（金本位復帰）で景気を悪化させた井上準之助

井上準之助は1929年7月～31年4月の間、大蔵大臣を務めています。それ以前には2度、日本銀行総裁を務めており、1927年の金融恐慌の時も日銀総裁でした。

井上は蔵相となって以降、金本位復帰（金解禁）に向け超緊縮財政・産業合理化を図り、30年1月に旧平価で金本位復帰します。いわゆるデフレ経済で戦前の金本位復帰をめざしていたわけです。

しかし実にタイミングの悪い政策でした。この時、世界経済には大恐慌の嵐が吹き荒れていたのです。29年10月、ニューヨーク株式市場の株が暴落し、大恐慌を引き起こした時です。日本はこのような時に金本位復帰を敢行したわけです。まるで〝嵐の中で雨戸を開ける〟ようなものです。日本経済という家の中は暴風雨でめちゃめちゃです。

さらに、国際金本位制の軸となるイギリスのポンドも金本位維持はもたないとみられていたのです。実際、そうなりました。31年の7月にはドイツの銀行恐慌、そして9月にはポンドの金本位離脱の事件が続きます。

日本は金本位制が世界的にはもたなくなっている時に、金本位復帰したのです。だから金復帰しても、当然、日本の円も確実に切り下げられるとみられます。これでは世界の格好の投機の対象になります。

日本通貨当局は最初、円を支えるために海外の正貨準備を動員したり、高金利政策をとって円売りに対抗しました。それで金本位が持つはずがありません。ポンド切り下げ後の3カ月間に日本銀行は6億7500万円もの金を失い、誕生間もない犬養毅内閣は12月14日に金の輸出を禁止し、12月17日に再び金本位を停止したのです。

金本位復帰は世界的景気低下もあり社会不安を高め、軍部や右翼の不満を強めてしまいます。その結果、井上は32年2月9日、遊説途上、暗殺されます（この時、すでに蔵相は離任していた）。悲劇的な形でデフレ政策のつけが回ってきたのです。

その心2▼世界に先駆けて景気回復を遂げた高橋是清の財政金融政策：その名のとおり円高不況を是清（橋のかけ落ち）

1931年9月18日夜半、奉天（瀋陽）郊外の柳条湖で満鉄路線爆破事件がおきます。いわゆる満州事変です。日本経済の危機はいよいよ高まります。この危機を収束させたのが高橋是清蔵相の積極財政なのです。

金本位を停止した高橋は財政（公債の大量発行）、金融政策（金利引き下げ）、為替政策（円相場の下落誘導）を三位一体的に実行します。今のアベノミクスの三本の矢の先駆版といってよいでしょう。

高橋は井上デフレ政策とは正反対の政策に打って出ます。緊縮財政でなく積極財政です。高橋は財政支出が増加しても増税をしない。恐慌で税収は減少し財政赤字は大幅に膨らみます。その赤字はほとんどすべて公債・借金で賄われます。軍備の拡大で軍需購入が増大します。これは過剰人口の一部を兵隊として雇用する効果もあります。他方、公共事業、失業対策事業の拡大、農民、中小生産者、失業者などへの救済措置の拡張（価格支持政策を含む）、あるいは、社会保障制度の拡充をつうじて雇用の拡大、消費需要の拡大をはかります。

こうした高橋の景気浮揚政策により、１９３５～36年の日本経済は完全雇用に近い状態になりました。これは当時の世界的不況の中では快挙といってよいでしょう。世界的な経済学者キンドルバーガーも、その点に注目しています。デフレ不況から世界で最初に脱出した国が日本だったというのです。金融、財政、為替政策が非常にうまく組み合わせられていると賞賛しています。ケインズ理論以前にケインズ的経済政策を実施していたというのです〈Kindleberger〉pp.165-167,〔訳〕142頁）。もっといえば、デフレ対策とインフレ対策の絶妙の組み合わせでしょう。

ここに井上と高橋の財政金融政策の違いがくっきり浮かび上がります。両者いずれも日銀総裁の経歴もある。デフレ政策で景気を悪化させた井上、リフレ政策で景気を浮揚させた高橋。まさに日本の財政金融政策は、一周遅れのトップランナーが真のトップランナーへと踊り出たのです。

ところが高橋財政にも問題がありました。インフレが強まり、経常収支が赤字になったのです。しかし高橋もそれを承知していました。なぜなら高橋は、景気が一応回復すればもう一度健全財政に戻る予定であり、インフレを抑えるつもりだったからです。実際、35年秋、軍部の膨大な予算増額の要求を抑え、緊縮財政へ転換します。

しかしこれが軍部の不満を爆発させます。高橋は結局、36年の2・26事件で暗殺されました。以降、財政は規律を失い、37年度予算では大幅な赤字財政が組まれます。日本の暗く長い歴史の始まりでした（〈橋本〉26-28, 75-78頁, 〈長〉209-216頁）。

閑話休題：日本は大失態を犯した後、すぐに挽回する即応性のある国です。その典型例が1972年の日中国交回復でしょう。71—72年は、日本にとって二重のニクソン・ショックでした。71年8月15日、アメリカ大統領ニクソンはドルを切り下げ、72年2月、訪中しました。日本にとってどちらも寝耳に水の話です。

しかし日本も負けていません。同年7月、田中角栄は内閣成立と同時に、日中国交正常化の時期は熟していると発表します。中国はソ連と軍事衝突を起こしていた頃でしたが、その年の9月に日中国交が回復したのです。

なおこの日中国交回復の時、尖閣列島問題は棚上げにするという点で日中は合意しています（田中角栄と周恩来の間）。この点を現在の日本政府はうやむやにしています。あの世の田中角栄は何と言っているのでしょう。尖閣列島については、中国、台湾も領有権を主張しています。しかも米国は日本への沖縄返還の際にも、尖閣列島の管理行政権を日本に移譲しているにとどまっています（領土返還の件は回避）。当時の中国と台湾をめぐる米国の複雑な事情が作用しているのです。日本側としては不本意なことですが、米国は尖閣列島の領有権を日本、中国、台湾で協議してもらいたいという立場です。すなわち、米国は尖閣領土問題については三者に対し中立の立場なのです。米国は中国、台湾にもいい顔をしているわけです。日銀法と同様、日米安保条約の解釈も一筋縄ではすまないようです（〈矢吹〉第2-4章）。

その心3▼井上デフレから高橋インフレへの大転換は、現在の日本に大いに参考になる

ここでこの高橋財政政策（中央銀行の国債引受）の効果を、現在のデフレ経済の中で置きかえてみます。これは景気が沈んでいる時と高揚している時で区別する必要があります。

まず、企業の設備稼働率が低く失業率の高い時に、日銀の国債引受が実施される場合です。日本銀行が赤字国債を引き受けたとします。日銀から資金を供給された政府は景気対策のために民間製品を購入するでしょう。購入代金は日銀にある政府の口座から民間の銀行の口座に入るでしょう。問題は景気が低迷している時にはたして民間に資金借入需要があるかどうかです。せっかく国の

購入代金が民間銀行に入っても、民間銀行は運用先がない場合、国債を買うでしょう。そうすると日本銀行がひとまず引き受けた国債は民間の銀行に買い取られるでしょう。

すると日銀の国債引受によっていったん増発された通貨は結局、日本銀行へ還流するわけです。だからインフレは生じにくい。むしろデフレが続くでしょう。

今日の日本がそのような状態です。日銀が量的金融緩和政策のために大量に国債を購入しても、その国債を売った民間の金融機関には資金需要が少ない。だから国債を売った代金の大半は民間銀行が日銀におく当座預金にとどまります。金融緩和政策がなかなか効きにくいのです。

しかし景気が高揚し過熱気味になっている時の日銀による国債引受となると話が違ってきます。たとえば高橋財政において、軍需（公共事業）が増大し、軍需品に対する需要は増加し、企業の設備投資は増加する。民間銀行もそれに必要な資金を貸し出す。すると手もとの遊休資金が減るので、その分、国債を買う余力はなくなります。すると、日本銀行が引き受けた国債の増発で膨張した通貨は、日本銀行へ還流しなくなる。民間の銀行が国債を買う額が減るからです。経済も過熱し需給もひっ迫する。こうなるとインフレの進行が止まらなくなる。この意味で、国債の中央銀行の安易な引受は問題なのです（〈吉野1999〉204-205頁）。

実際、高橋の暗殺以降、日銀による国債引受が膨張し、インフレが進行しました。

その心4▼井上から高橋財政金融政策への劇的な転換は、21世紀の日本で再現される可能性

デフレからリフレへの大転換。それが戦前の経済政策でした。これに対し、15年間もデフレ経済の重しにつかっていたのが現在の日本です。しかも一連の世界的金融危機の中で中央銀行の政策も大きく変化しています。金融政策が財政政策に大きくシフトしているのです（図19 197頁）。日本も、この流れの先頭に立たないとなかなかデフレは克服できないでしょう。

日本に財政金融政策には即応性のDNAがある例を本章で示しておきました。アベノミクスにより日本銀行は物価上昇2％という目標の達成に向けて大胆な金融政策を維持し続け、ゴルゴダの坂を上り続けるでしょう。新旧の日銀総裁の実績も、文字どおり白黒ハッキリすることになるでしょう。

その姿勢は早くも2013年4月に劇的に示されています。日本銀行はその4月4日の政策決定会合で、2％物価上昇率目標達成の時期を、それまでの「できるだけ早期」から「2年程度」へ、より明確にしたのです。マネタリーベースも2年で2倍にし、国債の買い入れも大幅に増加するというのです。日銀は2014年末までに資金供給量を約132兆円増やします。それにより、日銀の資産規模は165兆円（対GDP比で35％）から、2014年末には290兆円（59％）となります。まさに未踏の金融緩和策です。しかも、その日、黒田新総裁は、「今とれる手段はすべて出し尽くした」、「戦力の逐次投入はしない」と発言したので、これに市場が飛びつき、5日、10年国債の利回りは一時、前日比で0・14％低い0・315％へ低下し、史上最低を更新しました。これ

が〝黒田ショック〟といわれるゆえんです〈〈日経〉2013年4月5日，6日〉。

第6章 デフレ脱却に向けたアベノミクスの財政金融政策

1　アベノミクスで課せられた中央銀行の宿題

Q1

アベノミクスにおいて日本銀行は金融緩和を通じ物価2%引き上げの目標を課せられています。この日銀に物価を引き上げる力がありますか？

A

ありません。日銀が受け持つ金融政策だけでは無理です。経済政策全般でもたいへんでしょう。

その心1▼デフレ脱却の負担を金融政策だけに押しつけるのは不公平。日銀だけをスケープゴートにしてすむ問題ではない

デフレ脱却の負担を日銀の金融政策だけに押しつけてはいけません。物価上昇予測が広まり続けるためには、雇用・所得が増加する持続的な経済成長の展望を示す経済政策総体の裏付けがないと不可能でしょう。この経済政策全般を統括する責任は当然政府にあります。

その心2▼日銀きっての理論家白川博士の本を読んでも日銀が物価水準を調整できるという話は一言も出てこない

別に白川理論がダメだということではありません。中央銀行の場合、金融政策（＝金融市場の調整機能や安定化）以上のものを求めてもできるはずがないのです。彼らは魔法使いではありません。

中央銀行の使命は物価安定です。その物価の安定のために、金融政策を運営します。金融政策は金利の上げ下げなど金利をコントロールすることです。中央銀行がこれをできるのは、中央銀行通貨の供給を独占しているからです。この供給量の増減で金利水準の上げ下げをするというのです（〈白川〉20頁）。

ほとんど禅問答のような話ですが、白川博士によれば、これで日銀は物価を安定させるというわけです。実は中央銀行がどのように物価を安定させていくのか、白川理論には書かれていません。書きようがないのです。

たとえば既出の図9をもう一度、見てください（63頁）。金融政策による物価調整の直接の効果は種々の金利や金融資産価格に限られています。次にそこから実体経済に波及するという話です。あくまでも間接的な効果しか発揮できません。直接に影響を及ぼすことができるのは金融資産価格だけです。しかしそれも必ずそうなるというわけでもありません。

物価に直接、中央銀行が働きかける手段は、既存の日銀にはないのです。しかもグローバル化した日本です。物価上昇を日本内部だけでやるのはかなりむずかしいはずです。日本の場合、アジア新興諸国から安い製品が輸入されている。これが国内の競合企業に価格設定を低めにさせる。雇用、操業も海外に流れる。これが国内の雇用、賃金に圧力が加わる。こういう状態で物価引き上げを実現するというのですから、日銀はこれまでよりもはるかに規模の大きい、大胆な金融緩和政策をすすめることになりそうです。

Q2
中央銀行だけで物価の引き上げには無理があるという説明でしたが、では物価2％引き上げ目標は日本独自のものなのですか？

A
いいえ、逆です。世界ではグローバルスタンダードになっています。ただ、その目標を掲げる主体は必ずしも中央銀行とはかぎりません。

その心▼インフレターゲットが達成されなかったからといって中央銀行総裁のクビが飛ぶわけでない

世界の中央銀行の中で最初にインフレターゲットを設定したのはニュージーランド準備銀行です（1990年に「0〜2％」のインフレ目標）。以降、カナダ、英国、スウェーデン、豪州も追随します。米国も2012年1月に2％の物価上昇率を「ゴール」として設定しています。

しかしインフレ・ターゲット・ルールは機械的に運用されているわけでありません。ニュージーランドでは何度もインフレ率が目標を逸脱していますが、そのために中央銀行総裁が罷免されたことはありません。目標達成ができないことには、いくらでも釈明の要因があるでしょう。また成長率や為替、住宅バブルの問題があり、ターゲット率だけで中央銀行を批判しても始まりません（〈加藤〉47, 115頁）。

日本の場合も1980年代後半、たいへんなバブルでしたが、物価全体は落ち着いており、バブル問題で中央銀行総裁が罷免されたという話は聞いたことがありません。

だから物価上昇率2％を目標に掲げて、それがダメだったからと言ってすぐに日銀首脳の引責となるという話ではないのです。だからこそ、世界の中央銀行にとって2％目標は、安心して設定できるグローバルスタンダードなのです。

ＥＣＢは物価上昇率を2％弱に設定しています。Ｆｅｄの場合、物価安定を2％上昇としている一方、最大雇用も同時に目標になっています。次にイングランド銀行の物価上昇率2％目標ですが、この目標2％を決めるのは財務相であり、これが達成できなかった場合、イングランド銀行総裁は財務相に報告する義務があります（〈日経〉2012年12月21日, 2013年2月8日）。

Q3 政府が日本銀行に物価上昇率目標を2％に引き上げるよう促したことは、日本銀行の独立性を損なうことになりますか？

A 違います。もしこれで日銀が独立性を損なわれるとしたら、同じような目標を掲げている先進国の中央銀行はみな独立性を弱めたことになります。

その心▼2％の物価上昇目標率は国際標準

安倍首相は2013年1月26日のダボス会議で、日銀による物価上昇率目標設定について、「目標を共有するのが重要であり、独立性を脅かすものではない」と説明しています。政府が日銀の独立性を脅かしているという懸念を打ち消します。「政治が中央銀行に圧力をかけるべきではない」というのです。実際、2％目標は世界の中央銀行にとっては標準のことです。甘利経済・再生相が「2％の物価目標率は国際標準だ」と理解しているとおりです（〈日経〉2013年1月）。

2％目標とか大量の国債購入は、世界の中央銀行にとってはごく当たり前のことなのです。だからこのような政府の要求があったからといって日本銀行の独立性が低下するという論調はまとはずれです。政府の経済政策と整合するという枠内で、日本銀行の金融政策の独立性が保たれているのです。もともと日本銀行の独立性はそのようなものなのです。

Q4 日銀は民主党政権時代に物価上昇率1%を政府と合意していたはずですが、それがなぜ2%に倍増したのでしょう?

A 実は日銀が念頭においた物価上昇率はせいぜい0・5%だったのです。それが民主党政権で1%、自民党安倍政権で2%となります。すなわち、倍倍ゲームの連続なのです。

その心1▼日銀が物価上昇率目標を2%としたのは、安倍政権が誕生してからのこと。

白川総裁は2013年2月7日の国会答弁で、「成長力や競争力の強化への取り組みが進められていくとの認識」で、「2」という数字を出したそうです。

これはやや奇妙な話です。図20をご覧ください。日銀の目標は民主党政権の時は1%でした。12年2月、「物価安定の目途」(当面1%)を導入したのです。その同じ日銀総裁が、安倍自民党総裁の要求があると2%に引き上げる。1%の目標の設定にも慎重だったのが日銀です。それがあっという間に2倍の2%となる。当然、民主党は日銀首脳を批判します。「整合性、連続性、継続性があるのか」と質します(〈日経〉2012年12月22日)。

はっきりいってそんなものがあるはずがないのです。図2の①(23頁)をみてください。同じ白川総裁が2012年2月17日に記者クラブで説明で使用した数値です。そこでは「日本銀行政策委

図20　日銀総裁の物価引き上げ目標の上昇率の動き

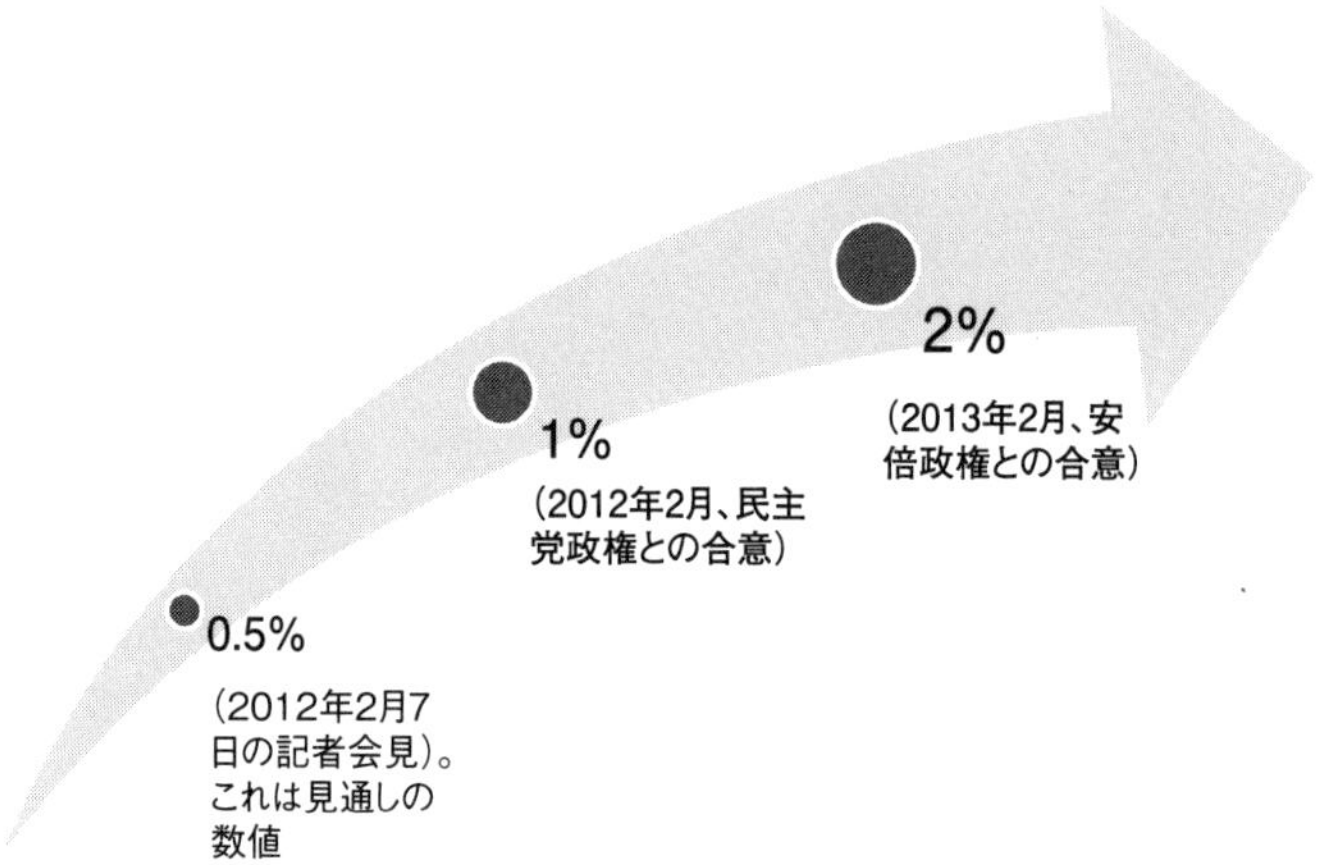

員会の見通し」として、消費者物価上昇率は12年度が＋0・1％、13年度が＋0・5％となっています。

するとここで我々はその1年間に3人の白川総裁を目撃することになります。まず、12年度の物価上昇の見通しを0・5％としていた総裁（12年2月17日）、それが同じ月に1％となった総裁、そして2％とした総裁（13年2月）。つまり白川総裁は1人3役を演じていたわけです。

しかもその上昇率は今年のダウ平均も顔負けの勢いです。最初が0・5％、次が1％、そして2％。まさにアベノミクスに染まる安らかな倍倍ゲームです。

ちなみに、バブル崩壊以降から今日までの日本において、物価上昇率が2％を上回ったことはありません。正論からいえば白川理論のほうが妥当なのでしょうが。

いずれにしろ、この不自然な上昇率目標の引き上げは、政府の何らかの圧力がなければあり得ない話です。日銀総裁は欧州債務問題の緩和や円高是正があり、1%から2%へ引き上げたと説明しています。しかしこれで日銀は政府の圧力に屈したとする見方は間違っています。

民主党の時は0・5%が1%、安倍政権の時は1%から2%と引き上げたわけですから、いずれの政権にも等しく対応した。それが日銀だったということです。今さら独立性を云々するのは政治上、季節外れの話です。

だから2013年2月18日の参院予算委員会における国会答弁も、高い割引率をかけて理解しておくことになります。この時、民主党の議員の質問。「2%の物価上昇率目標導入は日銀独自の判断で、政府は関与していないのか」。

これに対する安倍首相の答弁。「我々が2%という目標を設定した。日銀が了解しなければ共通の認識にできない」。「それは中長期的ではなく、できるだけ早期に目標に達するところまで了解をいただいた」そうである。

しかもこれは日銀に対し、「2%という目標に向けてあなたたちの責任でやってください」との合意であり、したがって、「できる限り早く達成できなければ日銀の責任だ」そうです〈日経〉2013年2月19日〉。この「2%」を「1%」に置きかえてみてください。そうすると安倍首相の答弁も民主党首相の答弁に翻訳されるのです。どうやら日本における国会語は非常になまりの強い方言のようです。

Q5 日銀の前総裁と新総裁とではどのような違いがあるのでしょう?

A **白と黒の濃淡が浮かび上がります。前者が物価上昇目標に慎重。後者はマイルド・インフレ論。前者は中央銀行の中立性を強調し、後者は経済政策の積極的担い手という役割を唱えています。**

その心1▼日銀は2つのグローバルスタンダードに従う

日銀は新旧総裁の入れ替わりで、政府の積極財政に連動する姿勢が白黒ハッキリします。2つのグローバルスタンダードとは、「デフレ脱却の責務」と「2%目標」です。この2つを達成していないのは日本だけです。

日銀新総裁候補は2013年3月4日の国会発言でそのように明言しています。その内容を確認しておきます。「2%目標はグローバルスタンダードだ。あらゆる手段を講じて何としても、できるだけ早期に2%を達成する必要がある」。この発言は物価上昇に関する日銀の責務の範囲を拡げています。すなわち、「日銀は自らの責任において物価安定目標の早期実現を目指して金融緩和を推進する」となるからです。

そして責務が拡大する日銀は、政府と次のように連携することになります。「金融政策の具体的な手法は日銀に任せるべきだが、金融政策は政府の経済政策と整合性を持って運営することでより

図21　黒白のメリハリがつくようになった日本銀行の財政金融政策……アベノミクスで大転換

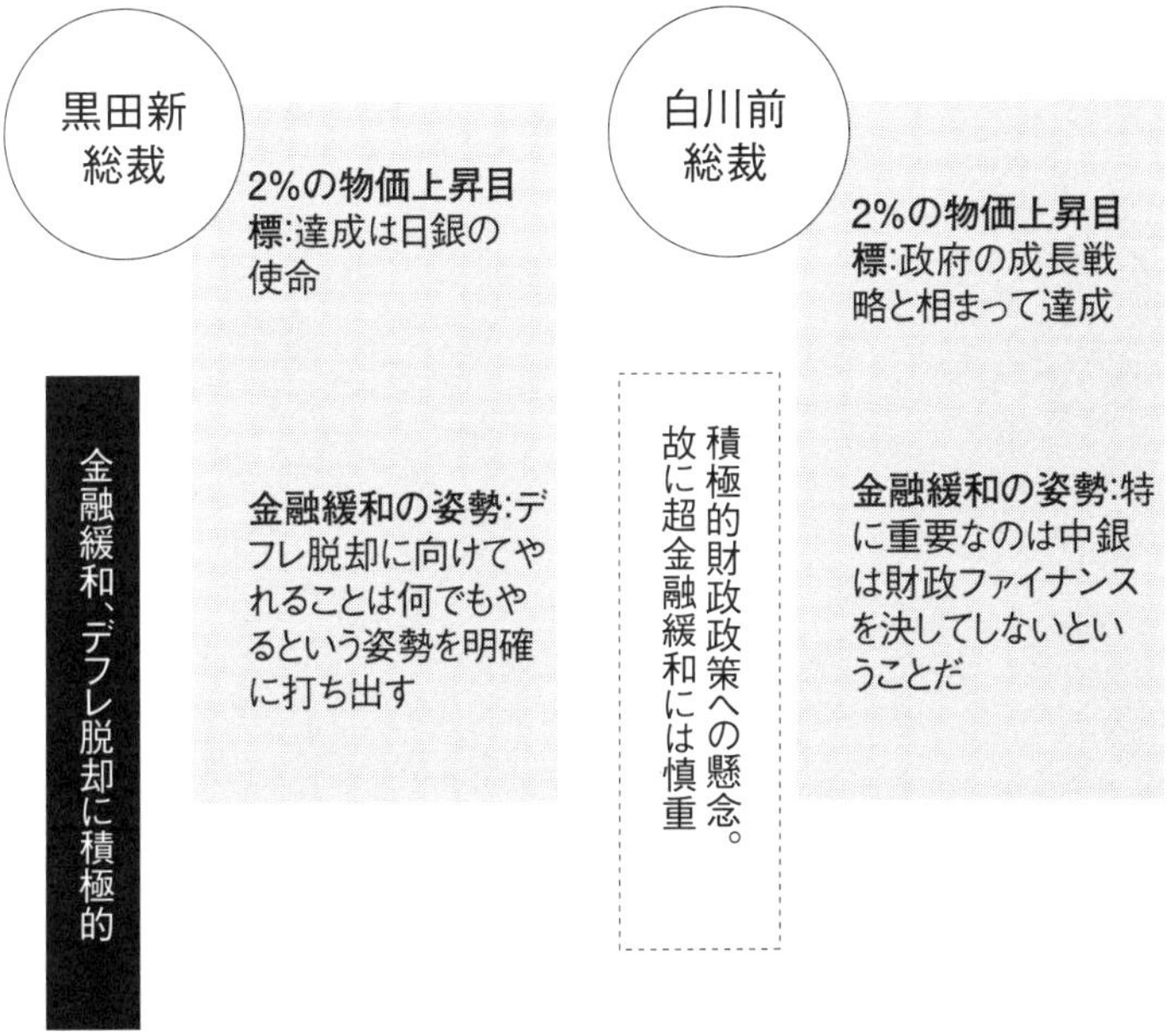
黒田新総裁
2%の物価上昇目標:達成は日銀の使命
金融緩和の姿勢:デフレ脱却に向けてやれることは何でもやるという姿勢を明確に打ち出す
金融緩和、デフレ脱却に積極的
白川前総裁
2%の物価上昇目標:政府の成長戦略と相まって達成
金融緩和の姿勢:特に重要なのは中銀は財政ファイナンスを決してしないということだ
積極的財政政策への懸念。故に超金融緩和には慎重

高い効果が発揮できる。政府と日銀の緊密な意思疎通が重要になる」「金融緩和と平行して、政府が実需を作り出し、消費・投資の拡大を通じて賃金・雇用を改善することができれば、更に物価上昇につながる好循環も期待できる」。

　これをかみくだいてみると、政府が実需をつくり出すために（財政スペンディング）、日銀が金融面で連携する、すなわち政府の国債発行を円滑にする金融緩和政策を続けるということになります。

　そして2%目標がグローバルスタンダードである以上、「日銀として金融経済のグローバル化に対応することも重要だ」というのです。あるいは、「デフレ脱却の責務は、中銀、日銀にあるというのが、グローバルスタンダードだ」ということになります。ただし、日銀による国債の直接引受はやらないということも念を押しています。すなわち、「財政法で原則的に禁止されている。全く考えていない」というのです。

ここで新旧総裁の姿勢の違いを図21で示しておきます。白黒のコントラストがハッキリしているのが確認できます。

Q6 過去に人為的物価引き上げを試みた国がありますか？ またその結果はどうなっていますか？

A はい、あります。そしてそれは大失敗しています。アメリカのルーズベルト大統領の政策のことです。

その心1▼人為的物価引き上げ策は無謀です

これを示したのが1930年代のルーズベルト大統領です。金本位を廃止してドルを切り下げ、金価格を引き上げていけば物価も上がる、と本気で考えたのです。

その策の馬鹿馬鹿しさに愛想を尽かし、スプレイグ教授は米国財務長官金融問題補佐官を辞任しています。同教授は33年5月から、ニューヨーク連銀総裁ハリソンの要請を承けてこの職についていました。この教授はそれ以前、イングランド銀行でもアメリカ問題顧問の役職を務めていたこともあります。

米国の金政策によるドル減価は物価引き上げには効果がない。物価上昇を持続的に維持させるためには、持続的な需要が財、サービスの生産増加を促し、生活水準が高まることが必要である。これに対し、ドル減価は財、労働力への需要喚起には何の役にも立たない。物価の上昇は事業の回復が実現した時に起こるものである。

逆に、この通貨減価策は財政赤字の膨張を伴っているので、国債などの債券の価格は暴落する可能性があり、かえって景気回復の妨げになる。しかも金価格引き上げは世界の金を米国に吸引するので、金本位諸国にとどまっていた諸国の景気を悪化させてしまう。

スプレイグ教授はこう主張したのです。ルーズベルトの金政策はまさしく近隣窮乏化政策です。ニューヨーク連銀総裁ハリソンも金価格操作による物価引き上げ策は効果がなく、世界の為替市場の混乱をますだけであると再三、大統領に注意を喚起していました。

この教授は実に公平な見方をします。当時の英国の為替政策に関し、英国が意図的に為替を引き下げるような操作はしていないと証言しています〈米倉2000〉199-200頁〉。

2　現代社会にマイルドなインフレは不可欠――インフレよりも怖いデフレ

Q1

物価引き上げ自体はむずかしいのに、なぜ各国中央銀行は同じ2%上昇目標を掲げているのでしょうか?

A

それはデフレ・スパイラルが怖いからです。物価が下落すると借金の負担が増し、連鎖的倒産を引き起こす現象です。

その心1▼デフレ経済の怖さ＝借金返済の負担が増える

景気のよい時、たくさん借りる。しかし景気が悪くなると、借りて投資した資産の価格が下がります。物価が下がったからといって喜んでいられません。借金をして購入した金融資産は下がる一方だからです。

これでは借金の返済が困難になります。そして借金をしている企業が破綻するばかりでなく、貸し出した側も巻き添えを食う。これがデフレ経済の怖いところです。

なぜ借金（負債）の負担が重くなるのでしょう。その理由は簡単な話です。まず、景気のよい時に借りた金はだいたい返済期限が短い。いわゆる短期借りです。バブルの時は短期で借り、借りた金で運用した資産価格がすぐに上がり、その価格の上がった資産を売って返済するのが一般的です。もちろん返済しないで短期借りを更新し続けることもできます。それは、借りた金で運用した資産価格が上がり続け、この資産が優良な担保になる時です。担保価値が十分に上がり、ほかの買い手も多いので何時でも売れるからです。換金して返済しやすい資産ブームの時、貸し手は安心して貸し出せるのです。これはいわゆる流動性の高い状態です。サブプライムローン証券化問題が発生する以前の世界経済は「大いなる安定」の時代でしたが、世界中に流動性が過剰になっていました。

しかしバブルが破裂すると、このシナリオはくずれます。不況になると返済をあてにしている資産の価格は、景気の好いときよりもはるかに下がっている。そういうときに資産を換金しようとすれば、ますます価格は下がります。買い手が少ないからです。

買い手が少ないのにはわけがあります。買い手の多くはお金を借りて資産運用する人たちです。この人たちはお金を借りることはできません。借りた金で運用する資産価格が上がる見込みがないからです。これが不況の時に買い手が少なくなる理由です。

だから不況の時に借金の返済の負担が重くなるのです。借りた金で運用している資産はなかなか売れない。すると投げ売りするしかない。投げ売りすれば借りた額に見合う価格では売れない。それよりはるかに低い価格でしか売れないでしょう。

もちろんそれを回避する方法もあるにはあります。短期借りを更新し続ければ投げ売りしなくてすみます（借金の継続）。しかし市場はその資産を買う人が少ないので、資産の担保価値はどんどん下がります。買う人は借金をして買う人たちです。その人たちは買う金が手に入らない。そのような人たちがいないので、担保価値も下がるばかりです。だから投げ売りをまぬがれて借入を更新できた場合でも、金利や返済条件は非常にきびしくなる。いずれにしろ、短期借入が更新できるか否かにかかわらず、借り手の返済負担はきつくなります。

資産デフレの場合に、借金返済の負担が重くなるのは、以上のように資産価格が急落し、思うように換金できなくなるからです。景気のよい時に借りたお金は返済しやすいが、景気が悪くなると借りたお金は返済されにくくなるのです。

だから借金の返済を迫られる。その返済のためのお金の工面はどうする？　その返済には借りたお金で運用している資産を売って工面しなければなりません。しかし借りた人が皆、一斉に資産を処分する。あるいは換金しようとすると、どうなるでしょう？　資産売り一辺倒になり、資産価格は急落します。急落すると、借りたお金を十分に払うお金も資産換金で手に入らなくなる。だから借りた人は返済できない。貸した人もお金を取り戻せなくなる。この時は流動性の低い状態です。

流動性が低くなると、社会にお金が回らなくなります。物価下落の予想が強まります。企業は投資を控える傾向が強まり雇用も減ります。収入も減るので消費者の買い控えが強まります。売り上げも減り、賃金、雇用は抑制されます。消費や投資は停滞し、経済全体が縮小します。

デフレが続く限り、賃金や企業の業績は伸びないので、税収も減ります。歳出を削減するとますますデフレを助長します。したがって、日本がデフレ経済にあるかぎり財政再建はできないのです。

その心2▼デフレスパイラルの蜘蛛の巣にひっかかり、もがき続ける日本経済

以上で、デフレスパイラルの怖さが確認できたはずです。日本はこのような状況が15年も続いているのです。バブル経済の破綻のつけです。ではその間、日本銀行はこの状況をどのように見ていたのでしょう。

すでにみたとおり、日本銀行は通貨及び金融の調節を行なう時の理念として、「物価の安定を図ることを通じて国民経済の健全な発展に資すること」を掲げています。ここには「物価の安定」ばかりでなく、「金融システムの安定」も加わるはずです。

問題は「金融システムの安定」という目的の場合、デフレ退治も含まれるかどうかです。しかし日銀はデフレ退治を明確な目標にしてきませんでした。せいぜい「債務デフレ」の問題点を指摘していただけです。インフレ目標の設定に消極的なのは先進国では日本だけでした。

ここは白川博士の債務デフレ論の解説を紹介しておきます。これによれば、物価が予想外に下落すると、債務の実質価値は増加する。債権の実質価値も増加する。「しかし、支出性向は通常は債務者のほうが高いので、債務者の支出減少は債権者の支出増加を上回る。その結果、物価はさらに下落し、物価下落と景気後退の悪循環が生じることになる」（〈白川〉75頁）。

これは先ほど筆者が、かみくだいて説明したことを、高尚に表現しなおせばこのようになるという話です。ところがこの「悪循環」を中央銀行がどのようにして断ち切るのか、白川博士は具体的には何も書いていません。もし書いているとすれば、その理論に基づき公にデフレ退治の方法を提示していたはずです。

もちろんデフレ退治は、中央銀行だけでできるものでありません。政府の経済政策全体で取り組む問題です。日銀の金融政策はその中心になるはずですが、そうなっていない。むしろ中央銀行は物価安定だけが責務であり、雇用は政府の問題である。そうハッキリ書いているのがＥＣＢです。日銀はＦｅｄよりもＥＣＢに近いわけです。

Q2 ではデフレよりもインフレのほうがよいということになりませんか？

A もちろん悪性のインフレは慎むべきです。インフレが財政悪化につながる構造をもっているからです。しかし現在の経済社会で怖いのはインフレよりもデフレなのです。

その心1▼インフレが悪化すると財政赤字もふえる

それを説明しておきましょう。インフレが進行すれば物価上昇に応じて支出も増えます。政府の支出も同じことです。ところがインフレでは、政府の税収は支出に追いつきません。税収は過去の低い物価水準に応じた額でしか入らないからです。ですからインフレ率が高ければ高いほど政府の支出と収入の差が広がり、財政赤字はますます膨らむのです。

この赤字を埋め合わすためにさらに公債が発行される。しかしこれがインフレ悪化の予想をさらに強める。物価が上昇し、公債発行も膨張し、これを引き受ける中央銀行の通貨発行が膨張します。だからインフレがインフレを呼ぶという悪循環になるのです。

特にこの点、前日銀総裁は神経質になっていたようです。日銀の役割が物価の安定や金融システムの安定から逸脱し、政府の赤字ファイナンスの下僕になることは避けたいということでしょう。

しかし、デフレ下の財政赤字とインフレ下の財政赤字、いずれも政府赤字を膨らませることに変わりありません。デフレ下では債務の負担が増えます。すると政府の債務の負担はデフレで大きくなるはずです。

ですから日銀は政府の下僕になるのを恐れるよりも、デフレ経済の進行を恐れるべきなのです。日本銀行の有力者であり、日本銀行の独立性を強く望んでいた人も同じ様な考えをしています。元日銀理事の吉野です〈吉野1963〉147頁〉。

すでにその主張は第3章で紹介しておきましたが、ここで再度、その内容を要約しておきます。中央銀行は、物価安定に自己満足していてはならない。「金融の円滑化」も同じように重要である。お金が民間にどんどん回るようにしなければならない。

これは今風にいえば、日銀は物価の安定とともに経済がうまく回るようにする、すなわちデフレ経済をなくすのも、日銀の大きな責務であると説いているのです。

その心2▼Ｆｅｄ議長のバーナンキはアメリカが日本のデフレ化の二の舞になるのを恐れ、異例の金融緩和策を導入・継続

この日本のようなデフレスパイラル化に恐怖し、自国がそれに陥らない配慮したのがＦｅｄ議長バーナンキです。彼にとってインフレはもちろんのこと、マイナス・インフレも困るのです。２０１０年11月量的緩和策第2弾を打ち出した頃、デフレが日本経済を過去数年間大きな重圧となったことを問題視しています。経済が弱くなりすぎないようデフレのリスクにも備えるというのです〈バーナンキ〉201頁）。

Q3　現代社会はなぜデフレ経済に陥りやすいのですか？

A

生産力が発展すると過剰生産力が定着し、それがなかなか解消されなくなるからです。現代社会はデフレ経済に陥りやすい体質になっている。それを解消するには物価がマイルドに上昇し続けるしかないのです。

その心1▼生産力発展の史上最強の経済システム。それが現在の経済社会

現在の経済社会の生産力、生産性の発展により、労働力の必要性はますます下がります。労働する人が余計になるのです。だから労働コスト（賃金）も下がります。設備の改良、首切りで労働力の需要は総体的に減ります。システムや機械が人間に代わって仕事をするからです〈高橋〉78-79、87-88、92、95頁）。

この傾向に拍車をかけるのがグローバル化です。グローバル化がすすむと先進国の労働コストは下方圧力を受けます。先進国の労働者が新興市場の労働者に代替される可能性が高くなるからです。

これを反映し、日本の工場が海外に移る動きが強くなります。こうして現在の経済社会では生産力、生産性が絶えず向上し、ますます労働需要が減ります。その分、人々の労働力は余ります。雇用問題が深刻化するのもこのためです

さらに悪いことに、消費はこの生産力の発展にとても追いつけません。消費＝市場拡大のペースが生産力発展のペースに遅れるのです。しかしこのギャップを放っておくと大変です。社会は過剰な生産物だらけになり、生産を縮小しなければならなくなるからです。モノばかりでなく人も余る、いわゆる失業問題が起こります。

その心2▼過剰な生産力を少しでも解消するためには金融の肥大化も必要

生産性の上昇もあり、企業の設備投資もかつてのように大規模なものでなくてすみます。高収益企業はかつてほど資金調達を外部金融に頼らなくなっています。たとえば、米国の企業は2002年から08年半ばまで、純金融収支はGDP比率で1・7％の黒字です。それ以前の20年間の平均は1・7％の赤字でした。利益が強大であり、お金が安い時に企業は投資せず、貯蓄していたのです（〈The Economist〉2008年7月9日，pp.57-58）。

こうしてただでさえ過剰になってしまう労働力は、ますます過剰になります。だからこのギャップを埋める工夫が必要なのです。それは金融の肥大化です。今、現金がなくてもモノがどんどん売れる仕組みを膨らませるのです。過剰となる生産力に少しでも追いつける消費を維持するのです。

単に過去から積み上げてきた貯蓄を消費に回すだけでは、膨張する生産力の生み出す商品はさばききれません。

ここで信用が大きな役割をはたします。現在、手もとにある現金で物を買うよりも信用（将来の返済）で物を買えば個人の購買力は増えます。この購買力が増えれば、過剰な生産力で供給される商品も市場で捌けます。

人々は現在、手もとにあるお金でなく将来手に入るお金（将来の見込み収入）でモノを買えます。何てことはありません。借金して消費するのです。

この借金は、今流にみえばレバリッジです。レバリッジとは少ない自己資金で多くの借金を抱え込み、消費・投資することです。レバリッジを高めれば、それだけ社会の購買力は増強されます。このレバリッジを推進するのが信用制度です。

過剰な生産力に消費が追いつくためには、個人の信用では間に合いません。そこで、国も信用を利用します。借金を増大して（国債増発）、社会的購買力を撒布するのです。バラマキ予算はこの典型でしょう。個人、民間、国がこぞってレバリッジ拡張に走るわけです。過剰生産力のはけ口として金融は現代社会には不可欠なのです（〈高橋〉147頁）。

その心3▼金融の肥大化を支えるのは将来に生み出されるお金

金融の肥大化に必要なお金はどこから出てくるのでしょう。それを教えてくれるのが金融の不安定性の研究で有名なミンスキーです。彼によると、「お金の取引の本質」は次のとおりです。「借りることは、お金を後で支払うという約束と引き換えにお金を得ることである」〈Mynsky〉p.18)。

こうして人々は、今手もとにお金がなくても、将来お金を払う約束証書を書けばモノが買えます。これで社会的購買力が増加されるのです。〈Mynsky〉p.19)。

他方、約束証書を受け取る側の人の心理はつぎのとおりです。

「それゆえ、現在、余剰資金を保有している人は、現在の収入の一定の処分権を放棄し、より多くのお金が得られることを期待するために、将来の不確定なお金の流入を期待する」〈Mynsky〉p.20)。

こうして将来の支払約束証書を受け取る人は、現在の消費や投資を放棄しながら、消費や投資を必要とする人に購買力を回すので、お金を社会的に円滑に流す重要な役割を果たすわけです〈Mynsky〉p.21)。将来、お金を払える人にお金を回すのです。

信用取引は将来、きちんと返済決済されるかぎり問題ない。信用はあくまでも将来の返済に頼る。もちろん、この返済は絶対に確実ではありません。ともすると信用は投機にも結びつく。結果、資本の過剰投資、家計の過剰消費を招きます。先進諸国の家計も、金融機関も、高レバリッジにどっぷりつかった最近の典型例が、サブプライムローン問題でした。

したがってお金の需給を調節する銀行にとっての設備投資は、信用ということになります。手もとにあるお金ではできない取引を促進し、膨張する生産力に対応しながら、過剰の生産力を少しでも緩和するのです。

その心4▼ローンがいっぱい、危険もいっぱい、しかしみんなで借りればこわくないの集団行動でやっていく現代社会

借金をして住宅という資産運用で一儲けしようとした人たち。保有する住宅価格が上がる限り、この住宅を持っておけば帳簿上、住宅ローンを返済しても十分のおつりが出る。このおつりで消費ができる。だから手もとに十分のお金がなくても住宅ローンを組んで一儲けする。しかしサブプライム問題がこの目論見をたたきつぶしました。

フランスの文豪ゾラは『金』で書いています。「あまりにも性急な成功と粉飾された繁栄ぶりは結局最悪の破綻を引き起こす」と。

過剰な生産力から生み出された商品もたいへんです。売れないとダメになるからです。だから商品は貨幣へ求愛し、これが成就されなくてはなりません。商品が売れて貨幣になるという「命懸けの飛躍」（マルクス）で求愛行為を成就しないと商品は絶命するのです。

日米の個人消費はGDPの70％程度です。家計の消費に弾みをつけないと、経済は動かない。だから現金収入以上の分を、消費者に買わせる工夫を凝らす必要があります。世の中、ローンだらけです。耐久消費財ローン、住宅ローン、オート・ローン、消費者ローン、葬儀ローン……。このローンなしに現在の過剰生産力の社会は成り立たなくなっているのです。

しかしローンを供与する銀行は、返済不能となるデフォルトリスクを回避する必要があります。

だからこのローンを証券化して、新たなローンの資金源を確保する。これもサブプライムローン証券化問題です。これは信用の仕組みを最もうまく活用した例です。銀行はローンの証券化により、現存する過剰資金と将来形成される資金を世界規模でマッチングさせたのです。天才的な金融錬金術でした。

この点でも文豪ゾラは面白いことを書いています。信用とは、相手の想像力を刺激し、人のポケットにまだ入っていない金を引き出す。それが信用の天才だと言うのです（ゾラ『金』）。

この種のローンの供給が止まると大変です。モノが売れなくなり、つまり在庫が累積し、生産も急速に縮小します。ローンの証券化の径路が詰まるとローンは組めなくなる。これがリーマン・ショックでした。特に自動車産業の場合、ローンを証券化しないとクルマは売れない。ローンが証券化されないと、家計も消費者ローンを使えない。社会全体でみると、商品は貨幣への求愛や「命懸けの飛躍」に失敗し、企業、家計経済は、命さえ危なくなるのです。

リーマン・ショック、ユーロ・ソブリン危機など、連続する世界的金融危機で個人、企業のレバリッジは行き詰まりました。この過大なレバリッジを緩和するために実行されているのが、国家による国債発行の膨張です。そして市場からの金融資産購入というレバリッジ移転の結果起こるのが中央銀行のバランスシートの膨張です。

だからレバリッジの進展する現代社会では、国債膨張、中央銀行のバランスシート膨張は避けられないのです。

Q4 安倍政権の中には消費税率を引き上げようとする動きがありますが、これはアベノミクスと整合するのでしょうか？　デフレ経済を助長してしまいませんか？

A 経済成長を実現しないまま消費税率を引き上げればアベコベノミクスになってしまいます。成長に水を差しデフレ経済を助長させます。政策の優先順位を取り違えてはいけません。

その心1▼アベノミクスの特徴は積極的財政出動を優先させ、財政健全化は次にしている点

二兎を追った小泉政権では一兎の尻尾もつかめませんでした。アベノミクスは一匹ずつ兎をつかまえようとしています。

まず、物価引き上げ目標を掲げてデフレを脱却して成長を実現します。これで経済活動も活性化し税収も増える。その後に財政健全化に取りかかる。これがアベノミクスの核心です。だから投資家の期待が回復し株が上がるのです。

デフレから脱却しないまま消費税が引き上げられるとどうなるのでしょう。零細企業は、消費税率引き上げコストを自身が売る物にすんなりと価格転嫁できるのでしょうか？　他方で自身のコストの分は消費税引き上げの分あがるのです。するとデフレがますます進行するでしょう。景気が悪化すれば税収も低迷します。財政再建などおよそ不可能になるでしょう。

景気対策上、デフレ対策と消費税問題のどちらが重要でしょう？　ちなみに財政が破綻したギリシャなどユーロ圏諸国の消費税率も平均20％程度でしたが、外国から支援を受ける諸国が続出していました。

２０１２年12月23日、首相選出予定の安倍は、きちんとその点を理解して発言していました。「デフレが悪化していくことになれば、消費税を上げていく環境ではない」と述べています（〈日経〉2012年12月24日）。また、麻生財務相も三本柱に関し、「３つ同時にやらないとデフレから脱出できない」と強調しているのです（〈日経〉2013年1月30日）。14年４月に消費税率引き上げが予定されていますが、問題はそれまでに日本経済が完全にデフレから脱却できているのかどうかです。

財政健全化を急ぎすぎると大変なことになる。その格好の例がユーロ・ソブリン危機でした。

Q5
積極財政にするとユーロ・ソブリン危機のようなことにならないのですか?

A
ユーロ・ソブリン危機が示した教訓。それは世界各国が一斉に緊縮財政をめざすとおぞましい結果がおこるということです。性急な財政健全化はあぶない。今こそ大型財政政策発動の時機。成長の果実で赤字を埋めていく。

その心▼世界の流れは緊縮財政の見直し

2012年4月、IMFは「赤字削減目標によって、成長が損なわれるべきではない」と提起しています。世界の流れは、緊縮財政は見直され、それに呼応して中央銀行も未曾有の金融緩和政策を続けています。

ユーロの場合、財政支出に縛りがあり、それ以上財政緩和ができず、政府の資金繰りがますます悪化して、金利が上昇しました。これが銀行の資金繰りも悪化させ、国債はますます市場で売れなくなり、財政を圧迫させる構造になっていました。財政再建策がかえって不況を悪化させ、本来の目的の財政再建が遠のいたのです。

不況下の緊縮財政路線は、大きな見直しの方向に舵を切っているのです。アメリカのオバマ政権は1期目に財政赤字削減を目標としていました。2期目になっても赤字は増えるばかりですが、景気は回復の方向に向かっています。

Q6 景気が良くなるためにはどうすればよいのですか？

A 簡単なことです。よく売れる物をたくさん生産できる競争力、企画力を発揮することです。いわゆる企業の革新です。もちろん言うのは簡単、実行はたいへんです（構造改革はそれを促す環境作りのこと）。

その心▼過剰な生産力解消のために、時には政府も駆り出される

生産力の過剰を引き起こす——均衡を超えて突き進む。これは資本の本性です。この過剰をできる限り減らすためには、常に新たによく売れる物を作り続けるしかありません。新たな需要を掘り起こす攻めの姿勢が求められます。消費財の需要をよびこむのです。

経済の活性化のために手っ取り早いのが新製品開発です。新技術や新生産方法を編み出す。これは資本主義の歴史が繰り返し続けて来たことです。消費者の欲望をくすぐり、お金を支出させ続けなければ、生産力の過剰はいつまでたっても解消しないのです。

激しい競争を勝ち抜く方法。高いけれども良い、稀少性を売り物にする、高付加価値の商品こそが、消費者を引き止めるただ一つ方法です。こうすれば安い製品にも競争に勝ちます。そのためには新規投資が必要になります（〈高橋〉139，244-247頁）。もちろん、これには大きなリスクがあります。「虎穴に入らずんば虎児を得ず」ということです。

生産力の過剰は現代の経済社会にはしっかり根づいています。ちょっとやそっとの需要増加では解消されません。長期的傾向としては需給不足は解消されません。もちろん昔は解消の方法がありました。恐慌や世界戦争です。戦争では生産力そのものが徹底的に破壊されます。これで需要不足は解消するどころか、供給源も壊されてしまいます。だから需要超過になるのです。過剰生産力どころの話ではありません。恐怖の供給不足です。

しかし現代の社会ではこの方策は通じません。局地的小規模な紛争ならともかくも大規模戦争となると核が使用されます。これで過剰生産力も消滅するでしょうが、それと同時に人類も滅亡するでしょう。

恐慌はどうでしょう。民主主義体制ではこの恐慌勃発を回避し、あるいは勃発した場合はその事後処理のため、財政支出が膨張します。政治家は自身の地位を維持するために国家のお金を使うのです。

最終章

中央銀行と財務省の協調が奏でる妙なるシンフォニー

21世紀の中央銀行にはIndependence（独立性）よりもInterdependence（相互協力）が内外で重要になる

1 世界的金融危機で変容した先進国の中央銀行

世界の中央銀行は流動性供給のコンビニエンスストアになっています。大いなる安定の時機（2002〜07年夏）に欧米の銀行を中心に貸出が世界的に膨張しました。

国際的に、支払能力を超える借入れ、過度のリスク・テークが進んでいたのです。金融取引は実体経済の拡大をはるかに上回るペースで膨張していました。市場には流動性があふれていたのです。みんなで借りれば怖くないという風潮です。これが破裂したのがサブプライム問題、リーマン・ショック、ユーロ・ソブリン債務問題でした。膨らみすぎた風船は必ず爆発します。

こうして金融危機が発生すると、過剰だったはずの流動性も急激に収縮します。金融資産の投げ売りが始まりますが、買い手がつきません。特に欧州系の機関は短期のドル借り、長期のドル運用のまずさが目につきました。しかも欧州ソブリン危機に典型のとおり、国家債務危機が銀行危機に直結しました。先進国で国家債務危機と銀行危機が同時化したのは、戦後では初めてのことです。

これを解消するために、欧米の中央銀行は市場の資産を買い支えたり、国債を買い上げて流動性の供給に努めます。欧米の中央銀行のバランスシートは数年の間に3倍にも膨れあがったのです（図18）。

いずれにしろ、07年夏から起きたサブプライム危機、08年秋のリーマン・ショック、そして10年からの欧州ソブリン危機というように、世界的な経済危機が頻発しています。危機は発生周期が短

図22　FedとECBのドル・スワップによるユーロ圏の銀行へのドル流動性の供給

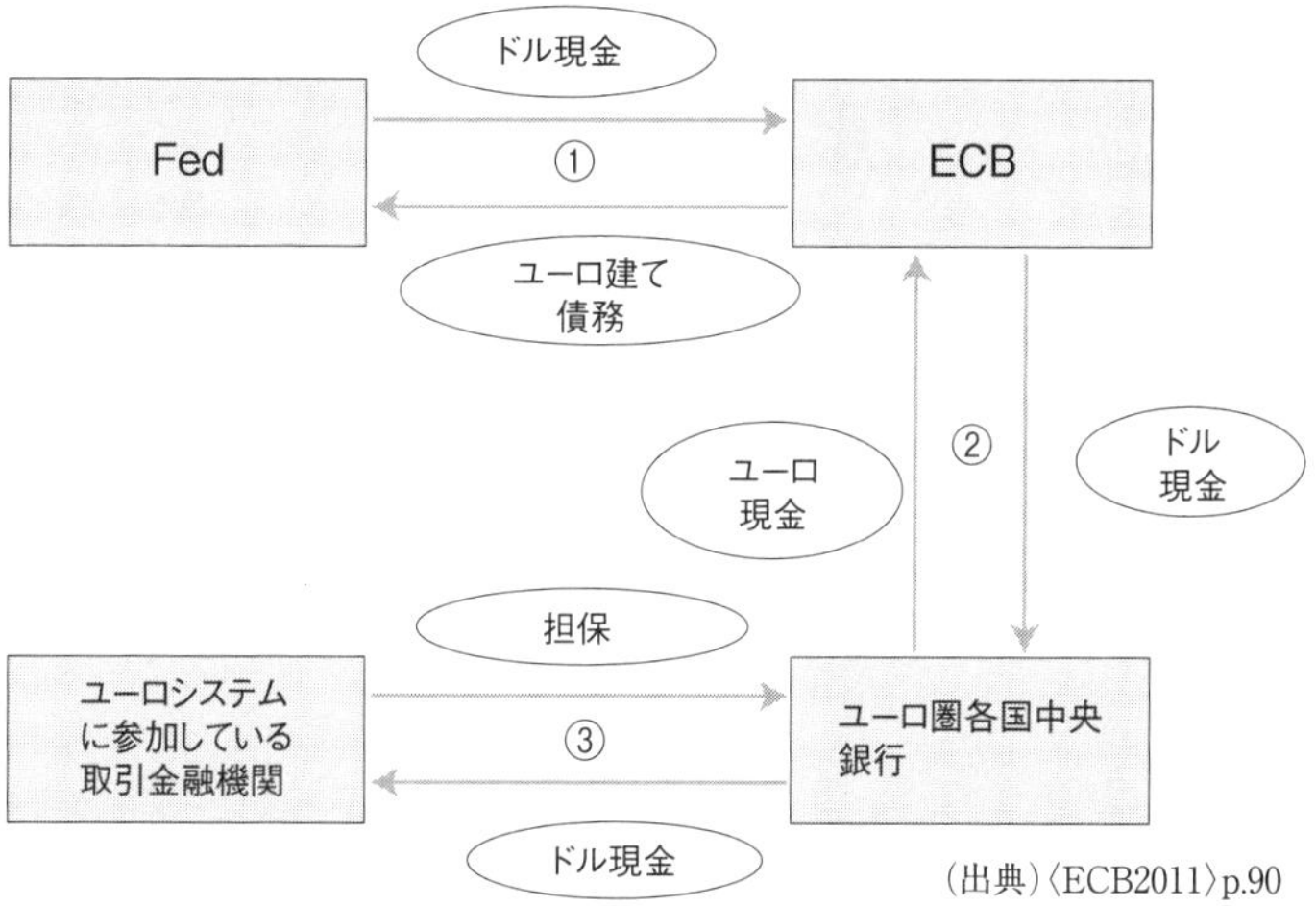

（出典）〈ECB2011〉p.90

縮していているばかりか、長期化しているのです。

2　アメリカの中央銀行Ｆｅｄは、自国ばかりか世界の中央銀行

しかもアメリカのＦｅｄは、この一連の世界的金融危機の過程で、自国ばかりでなく世界にもドルを供給する役割を果たし続けます。それは中央銀行間ドル・スワップ協定の場合にハッキリ見てとれます。

これを図22にそって説明します。まず図の①です。ＦｅｄはＥＣＢにドルを供給します。ＥＣＢ側はユーロでＦｅｄからドルを借ります。

次に②です。ドルを受け取ったＥＣＢはユーロ圏の各国中央銀行へドルを渡します。各国中央銀行は対価にユーロを払います。

最後に③です。ユーロ圏の各国中央銀行はユーロシステムに参加している金融機関へドルを

渡し、担保を受け取るのです〈〈ECB2012〉p.90〉。

なぜそうするのでしょう。金融危機が広がり世界レベルの支払い危機が起きないようにするため、世界の中央銀行間で資金融通するシステムを構築するためです。このFedが仕切る中央銀行間ドル・スワップにより、ユーロの銀行ばかりでなく日本を含むアメリカ以外の銀行が、ドル決済資金不足に陥る事態を回避するのです。Fedは自国ばかりでなく全世界の銀行の最後の貸し手の役を担っているのです。

グローバル化の時代です。先進国中央銀行は一国の枠内で独立性・自主性を語れる時代ではなくなったのです。国内では財務省との協調、そして国際的にも各国の中央銀行、財務省と緊密な連携をはからなければなりません。理由は簡単です。かつて日本が陥ったデフレスパイラルの蜘蛛の巣にひっかかり、身動きがとれなくなるのを恐れるからです。

3　人類未踏の超金融緩和の時代に入った中央銀行

財政支出にも物価上昇にも積極的な姿勢にシフトしています。世界の中央銀行の哲学も大転換しているのです。

より具体的に言えば、物価安定至上論者は後退します。たとえばECBの場合、国債購入策に反対したドイツ連銀総裁ウェーバーはECB総裁候補から下りました。この人物はドイツ国内におけるサブプライムローン問題の進展を見落としていたのです。2007年8月2日、ドイツの銀行の

ＩＫＢがアメリカのサブプライムローン証券化商品の投資で困難に陥っていたことに関し、「限られた、当該金融機関の固有の事件にすぎない」と言ってしまいました。この問題が他のドイツの銀行にも広がっていたことを知らなかったのです。その数日後、サブプライム危機が欧州で大爆発します。かの２００７年８月９日のＢＮＰパリバ事件のことです。金融危機はドイツで先行していたのです〈《米倉2012》123-124頁〉。

またドイツのＥＣＢ理事シュタルクは、ＥＣＢの国債購入政策に反対し、理事を辞めました。その後ＥＣＢは、ユーロ圏の国債価格支持政策を導入しています。

同じドイツでも微妙な変化があります。ドイツがインフレに対する伝統的な警戒心を緩和しています。ドイツ蔵相のショイブレが大幅な賃金上昇を支持しているのです。これが国内需要を増幅させ、他の欧州諸国のドイツへの財、サービス輸出増加につながるからです。ドイツ連銀もこの姿勢となっています。この点について〈ＦＴ〉は、ドイツの思考における新たに発見された柔軟性であると評しています。ドイツはインフレ率が欧州の通貨同盟平均よりも高くなることを容認しているのです。もちろん物価安定という中央銀行の目標とかなう場合ですが〈《FT》2012年5月10日〉。

現在恐れるべきはハイパーインフレでなくデフレスパイラルなのです。生産力が非常に高まった現在はモノがあふれる時代です。ハイパーインフレは、生産体制が崩壊して物資供給が不足し、国の徴税機能が麻痺し、赤字財政が通貨膨張を助長していた第一次大戦終了直後のドイツの産物です。日本にこのような状況が想定されるのでしょうか？　逆に過剰な物資があふれ、これがデフレの一要因になっています。先進国の中でデフレに陥っているのは日本だけなのです。

そのような流れの中で日本銀行も大転換を求められます。かつて戦前、井上デフレから高橋リフレと転じて世界で最初に恐慌を脱出したのが日本でした（第5章参照）。21世紀にもそのＤＮＡが活用される時が来たようです。

国家との関係でいえば、日銀は独立性よりも相互依存性のほうが重要になります。超金融緩和政策を推進することは、バランスシートに大量の国債を抱えることです。国債が日銀の主要な資産です。これがデフォルトするとたいへんです。しかし日本は自国の成長力を支えとする徴税能力がある。それが日本内外でいまのところ信頼されているのです。国債利回りが世界で1番低い国は日本なのです。

国債管理上、日本銀行はこの国家の徴税能力を信頼して国債を買い入れるわけです。無利子の一覧払い債務証書にすぎない日銀の中央銀行通貨が支払いリスクのない通貨として通用するのも、この国の徴税能力にかかっています（図1）。

そして徴税能力を担保するのが、将来長きにわたる持続的な経済成長です。デフレ経済ではこれは不可能です。2％物価上昇の例のとおり、マイルドなインフレによる安定的な経済成長が徴税対象になるのです。そしてこの経済成長を金融政策の側面から促進するのが中央銀行の使命なのです。

むすび

最後に、中央銀行と政府の関係を再確認し、本書のむすびとします。

政府は日本銀行の最大のお客です。日銀の資産の大半は国債です。その反対に、日銀の最大の出資者（株主）は国です。日銀のバランスシート上、政府は日銀に対する債務者でもあり出資者でもあるのです。両者はメビウスの輪にはまる相互依存の関係にあるのです。

本書が再三再四、両者をアダムとイブの関係にたとえる理由です。

実際、金融安定策、為替政策、国債管理上、両者は二人三脚の関係にあるのです。

かつて、イブは蛇にそそのかされて禁断の実のリンゴをかじってしまい、神の怒りを買い、アダムとともにエデンの園を追われました。しかし禁断の実は同時に知恵の象徴でもあります。21世紀の日本銀行なるイブのかじるリンゴの味はどうなるのでしょう？　悪性のインフレ味？　それともマイルドなインフレ味？　これもいずれ白黒はっきりするでしょう。

起こりそうもないハイパーインフレを恐れ、知恵の象徴のリンゴもかじらないのでしょうか？

ロンドン・スレッドニードル街ならぬ日本橋大石町の「老婦人」の言動は、ますます見逃せなくなりそうです。

実際、アベノミクスはデフレ打破という点において、日本銀行に対し、これまでにない重い責務を課しています。本書のタイトルを『アベノミクスと日本銀行』としている理由もここにあります。そして「はじめに」でも記しているとおり、本書は〝日本銀行の独立性の深淵〟、あるいは〝デフレに訣別する中央銀行〟という副題を行間に忍ばせています。読者の方々には、この副題のすかし文字を併せて読み取っていただければ幸いです。

参照文献（典拠はすべて本文に略記）

欧文文献（アルファベット順）

C.Adams, D.J.Mathieson,G.Schinasi and B.Chadha(1998), *International Capital Markets:Developments, Prospects, and Key Policy Issues*, Washington,DC.:International Monetary Fund, September 1998

W. Bagehot, *Lombard Street, a Description of the Money Market*, 1924（14 ed.）宇野弘蔵訳、『ロンバード街』岩波書店、１９４１年

Bank for International Settlements(BIS), "US dollar money market funds and non-USbanks," by N.Baba, R.N.McGauley S.Ramaswamy *BIC Quarterly Review*, Marvh 2009

Bank of England, *Financial Stability Report* November 2012

B.Barnanke, *The Federal Reserve and the Financial Crisis*, Federal Reserve, 2012、小谷野俊夫訳『連邦準備制度と金融危機―バーナンキ理事会議長による大学生向け講義録』一灯舎、２０１２年

W .H. Buiter, "A Small Corner of Intertemporal Public Finance-New Developments in Monetry Economics: Tow Ghosts, Two Eccentricities, A Fallacy, A Mirage and A Mythos", NBER：Working Papers Series. No.10524, May 2004

——, "Should central banks be quasi-fiscal actors?", *Financial Times*, November 2, 2009

European Central Bank, *Montly Bulletin*, April 2012

The Federal Reserve System - Purposes and Functions, Last update: August 24, 2011 (FRS)

C.Goodhart, "Financial Integration and Prudential Control Segmentation: What kind of coordination does prudendital policy need in the integrated European financial market?" in D.Ehrig, U.Staroske and O.Steiger

(eds), *The Euro,the Eurosystem,and European Economic and Monetary Union*, Münster and Hamburg:LIT-Verlag, 2011
G. Heinsohn & O. Steiger, *The European Central Bank and the Eurosystem.- an analysis of the missing central monetary institution in European Monetary Union* in D.Ehrig, U.Staroske,and O.Steiger (eds), *op. cit.*
L.Jonung, *What Can History Tell Us about the Future of the Eurosystem* in D.Ehrig, U.Staroske, and O.Steiger (eds), *op. cit.*
R. S. Sayers, *Modern Banking*, 5th. ed., Oxford University Press, 1960, 三宅義夫訳、『現代銀行論』東洋経済新報社、１９５９年（翻訳は第四版を使用）
N.Lawson, *The View from No.11*, Corgi Books, 1992
C.P.Kindleberger, *The World in Depressin 1929-1939*, University of California Press, 1973, 石崎照彦・木村一朗訳『大不況下の世界　１９２９―１９３９』東京大学出版会、１９８２年
David S.Landes, *The Unbound Prometheus -Tecnological change and Development in Western Europe from 1750 to the present*, Cambridge University Press, 1969, 石坂照雄、冨岡庄一訳、D. S. ランデス、『西ヨーロッパ工業史―産業革命とその後　１７５０―１９６８　Ⅰ&Ⅱ』みすず書房、１９８０年
N.Lawson, *The View from No.11*, Corgi Books, 1992
H. P. Mynsky *Can "It" Happen Again ? Essays on Instability and Finance*, 1984 (First paperback printing, 1984)
R.E.Rubin with J.Weinberg, *In an Uncertain World : Tough Choices from Wall Street to Wasihngton*, New York, 2002, 古賀林幸・鈴木淑美訳、『ルービン回顧録』日本経済新聞社、２００５年
H.K.Scheller, *The European Central Bank History, Role and Functions*, ECB, 2006 (Second Revised Editions)
Martin Seidel, *Legal Aspects of the European Central Bank versus the National Central Banks within the Eurosystem* in D.Ehrig and O.Steiger (eds), *op. cit.*
O. Steiger, "Which Lender of Last Resort for the Eurosystem?" September 2004, Zentrum für Europäishe

Integrationsforshung Center for European Integration Studies, Rheinishe Friedrich -Wilhelms -Universität Bonn

Hjalmar Schacht, *Die Stabilisierung der Mark*, Deuche Verlags Anstalt,1927, pp.18-19 in John Gordon, *German History and Society* 1870-1920 A Reader, Edited and with Notes by J.C.B.Gordon, Berg 1985

Wilhelm Vocke, *Gesundes Geld, Gesamte Reden und Aufsaetze zur Waerungspolitik Mit einer Einleitung von Volkmar Muthesisu*, Fritz Knapp Verlag Frankfurt Am Main, 吉野俊彦訳、『健全通貨』至誠堂、１９５８年、原書は１９５６年のものであるが、後の講演も収録されている。

J.Weiz, *Hitler,s Banker*, , Little ,Brown and Company (Inc.), Boston, 1997,（監訳）糸瀬茂『ヒトラーを支えた銀行家』、青山書店、１９９７年

日本語文献（あいうえお順）

岩田規久男『日本銀行　デフレの番人』日本経済出版社、２０１２年

加藤出・山広恒夫『バーナンキのＦＲＢ』ダイヤモンド社、２００６年

工藤章『20世紀ドイツ資本主義――国際定位と大企業体制』東京大学出版会、１９９９年

近藤健彦『小説・プラザ合意』彩流社、２００９年

須藤功『戦後アメリカ通貨金融政策の形成――ニュー・ディールから「アコード」へ』名古屋大学出版会、２００８年

高橋洋児『過剰論　経済学批判』言視舎、２０１２年

武田哲夫「欧州中央銀行の特殊性」田中素香・春井久志・藤田誠一編『欧州中央銀行の金融政策とユーロ』有斐閣，第２章、２００４年

内閣府『経済財政白書』２０１２年８月

速水優『変動相場制10年―海図なき航海』東洋経済新報社、1982年
――『強い円　強い経済』東洋経済新報社、2005年
長幸夫『昭和恐慌―日本ファシズム前夜』岩波新書、1973年
日本銀行金融研究所編『日本銀行の機能と業務』有斐閣、2011年
橋本寿朗『現代日本経済史』岩波書店、2000年
古内博行『ナチス期の農業政策研究1934―36』東京大学出版会、2003年
矢吹晋『尖閣列島問題の核心』花伝社、2013年
吉野俊彦『日本銀行』岩波新書、1963年
――『「断腸亭」の経済学』NHK出版、1999年
米倉茂『英国為替政策―1930年代の基軸通貨の試練』御茶の水書房、2000年
――『落日の肖像―ケインズ』イプシロン出版企画、2006年
――『ドル危機の封印―グリーンスパン』イプシロン出版企画、2007年①
――「ケインズの真っ二つに割れた蹄―『一般理論』と戦後通貨構想の連関への断章（下）」『世界経済評論』世界経済研究協会、2007年7月②
――『変幻進化する国際金融』税務税理協会、2008年
――『新型ドル恐慌―リーマン・ショックから学ぶべき教訓』彩流社、2009年
――『すぐわかるユーロ危機の真相―どうなる日本の財政と円』言視舎、2012年

略語一覧

ECB (European Central Bank) 欧州中央銀行

ESM (European Stability Mechanism) 欧州安定メカニズム

Fed (Federal Reserve System;Federal Reserve Board:Federal Reserve Bankであり、連邦準備制度、連邦準備制度理事会、連邦準備銀行の使い分けがある)

日経：日本経済新聞

FT:Financial Times (London)

著者……米倉茂（よねくら・しげる）
経済学博士（東京大学）。1950年、鹿児島県生まれ。83年東京大学大学院経済学研究科博士課程単位取得退学。87年に佐賀大学経済学部助教授、98年同学部教授。著書『すぐわかるユーロ危機の真相』（言視舎）『新型ドル恐慌』（彩流社）『サブプライムローンの真実』（創成社）『変幻進化する国際金融』（税務経理協会）など。

装丁………山田英春
立体イラストレーション………野崎一人
DTP制作………勝澤節子

Q&A
とことんわかるアベノミクスと日本銀行

発行日　2013年5月31日　初版第1刷

著者
米倉茂

発行者
杉山尚次

発行所
株式会社言視舎
東京都千代田区富士見2-2-2 〒102-0071
電話03-3234-5997　FAX 03-3234-5957
http://www.s-pn.jp/

印刷・製本
㈱厚徳社

ISBN978-4-905369-59-2 C0033

言視舎の関連書

978-4-905369-31-8

すぐわかる ユーロ危機の真相
どうなる日本の財政と円

なぜ信用不安がユーロ圏に集中したのか？　なぜユーロ圏の財政金融政策は金融危機に対応できないのか？　①ユーロ圏の国債バブル、②欧州銀行の不良資産問題、③ユーロ圏銀行のドル依存症、危機の原因を3つの側面から解説。

米倉茂著　四六判並製　定価1600円＋税

978-4-905369-21-9

過剰論
経済学批判

世界金融危機と世界同時不況の根本原因は、金融の暴走などではない。資本制システムが必然的にかかえる生産力過剰が根源的な問題なのである。市場や金融への偏重、景気変動論やデフレ論の誤り等を丁寧に指摘。戦争論、教育論、人間論も。

高橋洋児著　四六判上製　定価2500円＋税

言視舎が編集・制作した彩流社刊行の関連書

978-4-7791-1060-3

新型ドル恐慌
リーマン・ショックから学ぶべき教訓

経済学の常識を破壊したリーマン・ショック……一企業のクラッシュがなぜ世界規模の金融危機を招いたのか？　危機はなぜ欧州で爆発したのか？「過剰ドル」のはずが世界でドル不足になったのはなぜ？　金融危機連鎖の国際構造を解明。

米倉茂著　四六判並製　定価1600円＋税

978-4-7791-1042-9

小説・プラザ合意

グローバル時代の国際経済政策はこの時に決まった。85年「プラザ」＝バブルの元凶説は、まったくの誤解。通貨、金融政策はどうあるべきか、危機にはどう対処すべきか。答えは「プラザ」にある。未公開資料、多数紹介。

近藤健彦著　四六判上製　定価2000円＋税

978-4-7791-1058-0

明日がわかる キーワード年表

国際政治・経済から事件、環境、食、現代思想、サブカルまで……あらゆる領域をスキャンする２３の年表！戦後日本のあらゆる領域の堆積と現況から「明日」を読む。プレゼン、企画書作成に最適！ 使えるネタ満載。

細田正和・片岡義博 編著　A5判並製　定価1600円＋税